AS ESCRITURAS E A AUTORIDADE DE DEUS

Traduzido por
Maurício Bezerra

N. T. WRIGHT

AS ESCRITURAS E A AUTORIDADE DE DEUS

COMO LER A BÍBLIA HOJE

Título original: *Scripture and the Authority of God: How to read the Bible today*
Copyright © 2013 por Nicolas Thomas Wright
Edição original por Society for Promoting Christian Knowledge (SPCK).
Todos os direitos reservados.
Copyright da tradução © Vida Melhor Editora LTDA., 2021.

As citações bíblicas são traduzidas da versão do próprio autor *The Kingdom New Testament: A Contemporary Translation* [Novo Testamento do Reino: uma tradução contemporânea] copyright © 2011 por Nicholas Thomas Wright, a menos que seja especificada outra versão da Bíblia Sagrada.

Os pontos de vista desta obra são de responsabilidade de seus autores e colaboradores diretos, não refletindo necessariamente a posição da Thomas Nelson Brasil, da HarperCollins Christian Publishing ou de sua equipe editorial.

Publisher	*Samuel Coto*
Editores	*André Lodos Tangerino e Bruna Gomes*
Copidesque	*Hugo Reis*
Revisão	*Davi Freitas e Shirley Lima*
Diagramação	*Sonia Peticov*
Capa	*Rafael Brum*

DADOS INTERNACIONAIS DE CATALOGAÇÃO NA PUBLICAÇÃO (CIP)
(Benitez Catalogação Ass. Editorial, Campo Grande/MS)

W934e
    Wright, N. T.
        As escrituras e a autoridade de Deus: como ler a Bíblia hoje / N. T. Wright; tradução de Maurício Bezerra. — 1.ed. — Rio de Janeiro: Thomas Nelson Brasil, 2021.
        256 p.; 15,5 x 23 cm.

        Bibliografia.
        Tradução de *Scripture and the authority of God*
        ISBN 978-65-56891-63-7

1. Autoridade divina. 2. Bíblia — Estudo e ensino. 2. Deus. 3. Escrituras cristãs. I. Bezerra, Maurício. II. Título.

12-2020/58   CDD: 212.6

Índice para catálogo sistemático:
1. Deus: Conhecimento: Cristianismo   212.6

Aline Graziele Benitez — Bibliotecária — CRB-1/3129

Thomas Nelson Brasil é uma marca licenciada à Vida Melhor Editora LTDA.
Todos os direitos reservados à Vida Melhor Editora LTDA.
Rua da Quitanda, 86, sala 218 — Centro
Rio de Janeiro — RJ — CEP 20091-005
Tel.: (21) 3175-1030
www.thomasnelson.com.br

Para Stephen Sykes e Robin Eames

SUMÁRIO

Prefácio à segunda edição em inglês   9
Prólogo   15

UM Com a autoridade de quem?   37

DOIS Israel e os súditos do Reino de Deus   51

TRÊS As escrituras e Jesus   61

QUATRO A "Palavra de Deus" na igreja apostólica   69

CINCO Os primeiros 16 séculos   85

SEIS O desafio do Iluminismo   109

SETE Leituras equivocadas das escrituras   133

OITO Como voltar ao debate   143

NOVE Estudo de caso: o sábado   173

DEZ Estudo de caso: monogamia   207

Apêndice: recursos atualizados para o estudo da Bíblia   227
Índice de passagens bíblicas   233
Índice de assuntos   239

PREFÁCIO
À SEGUNDA EDIÇÃO EM INGLÊS

A TAREFA DE ESCREVER UM LIVRO sobre a Bíblia é comparável a esculpir um castelo de areia bem em frente ao monte Cervino. O máximo que se pode esperar é chamar a atenção das pessoas que estão olhando no nível do chão, sem se distrair com o pico do monte, ou daquelas que já se acostumaram tanto com o perfil dessa montanha que acabaram deixando de notar sua beleza particular.

Entretanto, é claro que temos de atrair a atenção das pessoas e mostrar um novo ângulo para algumas questões antigas. Tornou-se prática comum falar sobre a "batalha em defesa da Bíblia". Além disso, na geração atual, as pessoas usam e abusam dela, incluindo ou impedindo sua participação nos debates, defendendo ou desprezando seu valor. Alguns especialistas a desconstroem, enquanto outros a reconstituem. Algumas pessoas a colocam em um pedestal, ao passo que outras a pisoteiam. Muitas vezes, ela é tratada como uma bola de tênis que, no decorrer da partida, recebe um sem-número de raquetadas sem dó, quando se deseja marcar mais pontos.

De forma bem clara, a igreja como um todo não consegue viver sem a Bíblia, mas não parece ter muita noção de como conviver com ela. Quase todas as igrejas cristãs fazem alguma referência em suas declarações de fé sobre a importância da Bíblia. No entanto, praticamente todas elas, de modo sutil (ou nem tanto), criam maneiras de privilegiar algumas passagens em detrimento de outras. Será que essa referência é mesmo importante? Se não for, qual será o motivo? O que devemos fazer quando achamos que alguma passagem é importante?

Para responder a essas perguntas, peço permissão para retornar à montanha alpina e ao castelo de areia. Participei de vários debates nos últimos anos sobre a natureza da Bíblia e sobre o lugar que deve ocupar na missão e no pensamento cristão. Nesse processo, estou cada vez mais certo de que existem muitas pessoas dentro e fora da igreja que precisam ser desafiadas a observar a montanha com outros olhos, sem se limitar somente às encostas, mas levando também em conta os penhascos, as fendas, os desfiladeiros e os campos nevados até chegar ao pico deslumbrante e perigoso. Espero que percebamos, a cada passo dessa jornada e de forma cada vez mais clara, o que isso significa em relação à Bíblia.

De modo especial, a questão da "autoridade" da Bíblia é abordada com frequência em milhares de debates recentes na vida da igreja espalhada pelo mundo. Basta mencionar o tema da ética sexual para ter a noção imediata de quanto a questão da autoridade bíblica pode ser importante e difícil ao mesmo tempo. Além disso, basta pensar nos debates norte-americanos sobre o Jesus histórico para perceber um assunto que ainda causa bastante polêmica: a questão da confiabilidade dos quatro evangelhos no Novo Testamento como relatos sobre a identidade de Jesus e a razão de sua morte. Basta citar o livro *O código da Vinci*, de Dan Brown, que teve um sucesso estrondoso de vendas, para trazer à memória o fato de que as questões sobre as origens do cristianismo e sobre a confiabilidade do relato do Novo Testamento são assuntos que ainda agitam toda a nossa cultura.

Percebam que só estou me referindo ao Novo Testamento. Imagine se falarmos do Antigo Testamento, que em alguns momentos é chamado de "Escrituras Hebraicas". Continuamos a deparar com uma confusão muito grande a respeito dele! Alguns cristãos parecem considerar toda a Bíblia, do Gênesis ao Apocalipse, como se todas as passagens tivessem o mesmo valor e a mesma autoridade, apesar de o próprio Jesus, segundo os evangelhos, aparentemente haver

PREFÁCIO À SEGUNDA EDIÇÃO EM INGLÊS

descartado as leis dietéticas e questionado profundamente a observância do sábado, e apesar de Paulo haver insistido com veemência que o mandamento antigo da circuncisão dos filhos homens deixara de ter importância para aqueles que seguem a Jesus, e até mesmo apesar de a Carta aos Hebreus esclarecer com riqueza de detalhes que as regras sobre o templo e sobre o sistema sacrificial perderam a sua importância por causa do sacrifício único de Cristo, o grande sumo sacerdote. Enquanto isso, outros cristãos interpretam que a declaração de Paulo de que "o fim da lei é Cristo" lhes dá uma alegre carta branca para ignorar totalmente o Antigo Testamento. Será que existe algum modo de resolver esse problema?

Sendo a Bíblia o foco do meu trabalho intelectual por tantos anos, cheguei à conclusão de que, no mínimo, estamos formulando algumas perguntas de forma equivocada. Lembro-me de ter analisado anteriormente em um artigo uma questão central: como é possível atribuir autoridade a um texto constituído em sua maior parte de narrativas? (Esse artigo, "How Can the Bible Be Authoritative?" [Em que sentido a Bíblia é autoritativa?] foi publicado no periódico acadêmico *Vox Evangelica* nº 21 de 1991, p. 7-32, o qual, do mesmo modo que algumas coisas que fui escrevendo no decorrer desses anos, está disponível em <www.ntwrightpage.com>). Posteriormente, acabei desenvolvendo meu argumento em termos de enxergar a história bíblica como uma peça constituída de cinco atos, para a qual somos chamados a participar de improviso do último deles, no capítulo 5 do livro *The New Testament and the People of God* (O Novo Testamento e o povo de Deus — Fortress Press, 1992). O pequeno livro que você tem agora em mãos se baseia nessas duas tentativas anteriores de apresentar uma nova explicação sobre isso.

Tenho me dedicado especialmente a abordar de frente a questão de como podemos falar sobre a Bíblia ser de algum modo autoritativa enquanto ela mesma declara que toda a autoridade pertence ao único Deus verdadeiro e que agora tal autoridade é personificada no próprio Jesus. O Jesus ressuscitado, no fim do Evangelho de Mateus, não diz: "Toda a autoridade foi dada aos livros que todos vocês escreverão", mas declara: "Foi-me dada toda a autoridade no céu e na terra". Isso nos sugere, especialmente no caso de levarmos a própria Bíblia a sério, como não deveria deixar de ser, que precisamos refletir com cuidado sobre o sentido de pensar que a autoridade de Jesus de algum modo é exercida por meio dela. Como isso se refletiria na prática? De modo mais específico, o que acontece quando levamos em conta a releitura do próprio Jesus sobre o significado intrínseco do termo "autoridade"?

Acrescentei dois capítulos a esta nova edição a fim de esclarecer, com alguns estudos de caso, como essa releitura pode funcionar. Os dois temas escolhidos — o sábado e a monogamia — não fazem parte da lista dos assuntos mais debatidos ultimamente, portanto acabam constituindo pontos de reflexão melhores para refletir sobre as questões mais amplas do que outros que suscitam a polêmica com maior facilidade. Tenho a plena consciência de que não propus nada definitivo acerca deles, mas minha suspeita é que, para muitos cristãos, esses capítulos abrem a possibilidade de expor linhas de pensamento que devem colaborar tanto com a reflexão sobre cada tema em particular como com o esclarecimento do tema principal. Por isso, quero agradecer à editora por essa chance de ampliar o alcance desta obra.

Tive um bom incentivo para escrever este livro quando participei de duas comissões que examinaram o teor da palavra "comunhão" (dentro da Comunhão Anglicana) e para as quais, naturalmente, as questões sobre a Bíblia eram fundamentais. A primeira foi a Comissão Internacional de Doutrina e Teologia da Igreja Anglicana, que se reuniu sob a direção do bispo Stephen Sykes de 2001 a 2008. A outra foi a Comissão de Lambeth, que foi presidida pelo arcebispo Robin Earnes, e se reuniu três vezes em 2004, publicando suas conclusões (o Relatório de Windsor) no dia 18 de outubro daquele ano. O impulso fundamental para este livro surgiu, em meio ao diálogo com meus colegas, como parte da obra desses dois grupos, e os pontos em comum de algumas partes desta obra com alguns parágrafos do Relatório de Windsor demonstram quanto

PREFÁCIO À SEGUNDA EDIÇÃO EM INGLÊS

devo a eles pelas conversas que me levaram a refletir sobre as questões abordadas com outros olhos e a esclarecer o que eu tentava dizer. Dedico este livro a Stephen e Robin, com uma gratidão profunda pelo modo como conduziram essas conversas animadas, no decorrer dos trabalhos das duas comissões, e pelo auxílio que me proporcionaram para pensar em seus assuntos mais importantes com uma profundidade maior.

Esta obra não têm nenhuma pretensão de esgotar o assunto, em relação aos temas que abordam e ao confronto inevitável com as ideias de outros autores. Elas consistem mais em um tratado para o momento em que vivemos. Tenho certeza de que aqueles que reclamaram do tamanho de alguns dos meus outros livros não se queixarão de nenhum dos detalhes que omiti devido ao estilo necessariamente resumido deste estudo, que em alguns momentos se torna praticamente telegráfico. Gosto de pensar que um dia poderei retomar esse tema com mais tempo, aproveitando para interagir com outros escritores com os quais aprendi muito e que são capazes de reconhecer que tomei suas ideias por empréstimo, ou mesmo que dialoguei com elas nas páginas que se seguem. Além disso, agradeço profundamente àqueles que se prontificaram a ler o texto e a comentá-lo: o dr. Andrew Godard, o professor Richard Hays, o dr. Brian Walsh e o meu irmão, o dr. Stephen Wright. Eles não são responsáveis pelo que digo, e com certeza continuarão a discordar de mim em alguns pontos, mas me ajudaram bastante a esclarecê-los. Como sempre, sou grato à Society for Promoting Christian Knowledge (SPCK) e em especial a Simon Kingston, Joanna Moriarty, Sally Green, Yolande Clarke, Trisha Dale, por seu auxílio em várias etapas do projeto.

Escrevi sobre o Antigo e o Novo Testamentos com a consciência plena de que muitos atualmente consideram essas expressões inadequadas ou prejudiciais, preferindo "Escrituras Hebraicas" (embora parte delas esteja em aramaico) e "Escrituras Cristãs". Sou cristão e, desde o início, de acordo com o que explicarei mais adiante, os seguidores de Jesus Cristo consideram que as escrituras israelitas antigas tiveram o auge de seu cumprimento no próprio Jesus, levando a uma "nova aliança", que havia sido profetizada por Jeremias. Não tenho como assumir uma classificação de suposta neutralidade. Espero que nem esse fato, nem algum outro detalhe linguístico, venha a desviar a atenção do leitor daquilo que quero realmente dizer.

O prólogo prepara o ambiente, situando o estudo da Bíblia em seu contexto apropriado dentro da história da igreja e posteriormente no contexto da cultura contemporânea. Aqueles que já estão familiarizados com o assunto, ou que estão ansiosos para chegar à essência daquilo que quero dizer, podem passar diretamente ao capítulo 1, no qual a história tem seu início de fato.

Minha igreja faz por séculos uma oração maravilhosa que eu mesmo pronuncio enquanto completo esta tarefa:

> Bendito Senhor, que fizeste com que a tua Santa Palavra
> fosse escrita para nossa instrução, permite que possamos
> de tal modo ouvir, ler, ponderar, aprender e assimilá-la
> interiormente que, pela paciência e consolação
> das Santas Escrituras, mantenhamos inabalável a
> bem-aventurada esperança na vida eterna, que tu nos
> deste em nosso Salvador Jesus Cristo. Amém.

N. T. Wright
Castelo de Auckland

PRÓLOGO

Observamos mais uma vez que o lugar e a função da Bíblia dentro da missão e da vida comum da igreja estão sendo questionados de forma bem intensa. As batalhas atuais em defesa da Bíblia em vários setores da igreja — que geralmente se situam nos debates sobre a ética sexual sem, no entanto, se restringir a eles — precisam ser entendidas como parte integrante de questões bem mais amplas em voga na igreja e no mundo. Até que reconheçamos, entendamos e lidemos com esse fato, continuaremos achando que as discussões sobre a autoridade das escrituras, ou mesmo sobre algumas passagens ou temas em particular, não passarão de diálogos de surdos.

Entretanto, antes de lidar com essas questões de forma direta, tenho de abordar alguns assuntos preliminares que constituem a razão pela qual escrevi este prólogo.

Ele começa com um breve esboço do lugar da Bíblia dentro da igreja cristã, e é seguido por algumas observações sobre o papel das escrituras dentro da cultura contemporânea.

AS ESCRITURAS DENTRO DA IGREJA

Os primeiros 1.500 anos

A Bíblia sempre teve lugar central na vida da igreja cristã. O próprio Jesus foi influenciado de forma profunda pelas escrituras com as quais teve contato: os textos hebraicos e aramaicos cujas histórias, canções, profecias e sabedoria tinham uma presença marcante no mundo judaico de sua época. Os cristãos primitivos recorriam a essas mesmas escrituras em seu esforço de entender o que o Deus vivo realizara por meio de Jesus, com o desejo de reorganizar sua vida de forma adequada. Por volta do início do século 2, boa parte dos escritos cristãos estava sendo reunida e era tratada com o mesmo respeito das escrituras israelitas originais. Ao fim desse século, boa parte dos melhores pensadores cristãos desenvolveu uma atividade ampla de estudo e exposição das escrituras, tanto dos textos israelitas antigos como dos textos gregos mais recentes que foram escritos pelos seguidores de Jesus, concentrando a maior parte na busca da missão da igreja e de seu fortalecimento contra a perseguição externa e as polêmicas internas. Embora geralmente encaremos esses escritores que surgiram posteriormente, como Orígenes, Crisóstomo, Jerônimo ou Agostinho — ou mesmo outros que vieram bem depois, como Tomás de Aquino, Lutero e Calvino —, como grandes "teólogos", essas pessoas se viam acima de tudo como professores da Bíblia. Na verdade, a diferenciação moderna entre teologia e estudos bíblicos nunca passou pela cabeça deles.

Da Reforma até os dias de hoje

Os reformadores do século 16 recorreram às escrituras para questionar as tradições com as quais haviam sido formados durante a Idade Média. Todas as igrejas que surgiram com a Reforma destacam (do mesmo modo que os Pais da igreja primitiva) a importância fundamental da Bíblia. Tanto os luteranos como os reformados, sejam eles anglicanos, presbiterianos, batistas ou metodistas, ou mesmo as igrejas pentecostais de origem mais recente, todos concordam oficialmente que as escrituras têm lugar central em sua fé, em sua vida e em sua teologia. Isso faz diferença entre as igrejas que resultaram da Reforma da Igreja Católica e da Igreja Ortodoxa, que possuem um discurso mais complexo e interligado sobre o modo como a escritura funciona na vida da igreja. Porém, até mesmo essas igrejas mais antigas nunca deixaram de insistir que as escrituras continuam a ser a palavra escrita de Deus. Na verdade, é fato amplamente conhecido que elas criticam as igrejas que vieram da Reforma não só por causa das diferenças de interpretação em algumas passagens, mas também por causa do que classificam como uma atitude arrogante em relação às próprias escrituras.

Devoção e discipulado

Em nenhum momento importante da história da igreja, as escrituras sagradas foram consideradas simplesmente um livro ao qual se deve recorrer somente em caso de debate sobre questões pontuais. Desde o princípio, ela recebeu um lugar fundamental na vida litúrgica da igreja, indicando que não é vista somente como parte do *pensamento* da igreja, mas também como parte integrante de seu *louvor* e de sua *oração*. Além da utilização óbvia dos Salmos como centro da adoração cristã em muitas escolas tradicionais, a leitura do evangelho dentro da liturgia eucarística de grande parte (ou até mesmo da maioria) das denominações eclesiásticas indica a crença implícita, mas não menos poderosa, de que a Bíblia continua a ser tanto um meio fundamental através do qual Deus se dirige ao seu povo como um meio importante pelo qual seu povo se expressa diante dele. O hábito generalizado da leitura particular e do estudo das escrituras, que já foi considerado um fenômeno mais restrito aos protestantes, mas passou a ser cada vez mais incentivado também entre os católicos, conta com um histórico de longa data, como parte principal da devoção cristã.

Entretanto, essa importância não se limita somente à devoção, estendendo-se também ao discipulado. A leitura e o estudo das escrituras são vistos como algo de suma importância no processo de crescimento no amor de Deus, no modo pelo qual podemos ter uma moral mais robusta para viver de acordo com o evangelho de Jesus, até mesmo quando tudo parece ser contrário a esses hábitos. Já que eles continuam a ser aspectos fundamentais da vida cristã, a Bíblia vem sendo incorporada à trama da vida cristã normal em todos os sentidos.

Cada igreja cria uma maneira diferente de aplicar essa teoria. A minha igreja (Igreja da Inglaterra, que faz parte da Comunhão Anglicana) não divulga suas crenças sobre a Bíblia por meio de tratados imensos ou de manuais de doutrina sobre todos os assuntos possíveis, para abranger todas as coisas e dispensar o cristão comum da necessidade de ler, pensar e orar com uma mente renovada. Em vez disso, ela insiste em que a leitura das escrituras continua a ser a parte principal da adoração pública. Ela incentiva todos os cristãos a ler e estudar a Bíblia individualmente. Além disso, ela atribui a seus líderes, principalmente seus bispos, a tarefa solene e fundamental de estudar e ensinar as escrituras e de organizar a vida da igreja de acordo com elas.

AS ESCRITURAS NA ESFERA DA CULTURA CONTEMPORÂNEA

A Bíblia não convive somente com a igreja porque esta (enquanto permanece fiel ao seu próprio caráter e vocação) está sempre aberta ao mundo que pertence a Deus. Nossa cultura contemporânea influencia as perguntas que são feitas sobre a Bíblia, e faz isso de várias maneiras.

A seguir, pretendo tecer observações sobre cinco áreas da cultura contemporânea que interagem entre si, utilizando padrões complexos de conexão: a cultura, a política, a filosofia, a teologia e a ética. Não se trata de uma lista abrangente, mas ela dá uma indicação do motivo pelo qual já é uma questão intrinsecamente difícil, ainda mais no mundo ocidental contemporâneo, usar as escrituras de um modo que exija reconhecimento e concordância em toda a igreja, quanto mais exercer esse uso diante do mundo que nos observa.

A Bíblia e a cultura

As interações contínuas e os muitos debates entre a *cultura* "moderna" e a "pós-moderna" geram um tom de incerteza, pelo menos quando se trata da sociedade ocidental. Existem três campos que podem ser facilmente identificados.

Em primeiro lugar, as grandes *narrativas* antigas sobre quem somos e por que estamos aqui vêm sendo questionadas e desconstruídas. Em certo sentido, isso está voltando a retórica modernista contra si mesma. O modernismo (o movimento que se iniciou com o Iluminismo do século 18) conquistou seu espaço por meio de escritores como Voltaire, atacando a abrangente narrativa fundamental propagada pela igreja. Atualmente, a pós-modernidade faz a mesma coisa com todas as histórias que a humanidade usa para colocar suas vidas em ordem (as "metanarrativas"), sem poupar o discurso que promete "progresso" e "iluminação" que o próprio modernismo utilizou em seu processo de legitimação. A Bíblia, de forma bem clara, não se limita a contar uma quantidade razoável de histórias sobre Deus, o mundo e a humanidade, mas também segue uma narrativa abrangente que parece ser exatamente o tipo de coisa que atualmente as pessoas aprendem a questionar. Como todas as metanarrativas, suspeita-se imediatamente que ela é divulgada para favorecer algum interesse. As pessoas suspeitam que se trata de uma espécie de jogo de poder.

Enxergamos como segundo aspecto que a própria noção de *verdade* está sendo desafiada e até mesmo atacada. Atualmente, muitas pessoas pautam a si mesmas com dois tipos diferentes de "verdade". Quando perguntamos se é verdade que Jesus morreu na cruz, isso significa naturalmente que queremos saber se isso de fato aconteceu, mas, se perguntássemos se a parábola do filho pródigo é verdadeira, descartaríamos rapidamente essa ideia de que ela "realmente aconteceu" simplesmente por não ter uma aparência de realidade. Insistiríamos em dizer que, em um sentido bem diferente, a parábola é de fato "verdade", por encontrarmos nela um símbolo de Deus, e de seu amor, e dos vários níveis de insensatez do ser humano, que têm a aparência de verdade em todos os níveis do conhecimento e da experiência humana.

Até esse ponto, tudo segue na mais perfeita ordem — embora a maioria das pessoas nem sempre pare um pouco para refletir sobre esses sentidos diferentes da palavra "verdade", nem em que medida isso afeta as demais questões. No entanto, a modernidade atual busca reduzir todas as áreas da linguagem humana a esse primeiro tipo de "verdade", transformando todas as coisas em "fatos" e tentando acondicionar tudo em uma espécie de caixa que pode ser medida e verificada como se fosse uma experiência dentro de uma ciência natural como a química ou mesmo uma equação da matemática. No entanto, essa tentativa já passou dos limites, até mesmo em disciplinas como a história e a sociologia. Por outro lado, a pós-modernidade nos conduz a outra direção: rumo à suposição de que toda "verdade", incluindo os supostos "fatos" da experiência científica, pode ser reduzida a reivindicações de poder (quem sabe os cientistas estivessem trabalhando para uma empresa interessada em ter um lucro imenso com a venda de determinado remédio etc.). Portanto, todas essas propostas de verdade se diluem em reivindicações de poder, como defendeu Nietzsche há mais de cem anos. Todas as afirmações sobre o "estado das coisas" passam a ser variações "do meu ponto de vista" ou mesmo "da visão que me convém".

Posso até mesmo dizer que a verdade passa a ser vista como "o nosso ponto de vista (em determinada cultura)". O conceito de "construção social", no qual as coisas que parecem a princípio se tratar de conceitos sólidos e quantificáveis não passam de "maneiras pelas quais essa sociedade em particular constrói sua visão da realidade", influencia profundamente o modo como entendemos a "verdade" como um todo. Já que a Bíblia tem muito a dizer sobre a verdade — além de reunir bastante conteúdo acerca do modo pelo qual algumas pessoas em particular se relacionam com ela —, fica bem fácil supor que suas afirmações possam e devam ser reduzidas a pontos de vista particulares altamente relativos e situacionais. "O que é verdade para você" pode não ser equivalente a "o que é verdade para mim". A "construção social da realidade" pode ser bem diferente de uma sociedade para outra. Essa tendência cultural, que muitas pessoas não conseguiam entender até bem pouco tempo atrás, agora parece tão óbvia no mundo de hoje que, de forma paradoxal, passou a ser uma das verdades mais absolutas e inquestionáveis da atualidade.

O terceiro fator a considerar é que enfrentamos o problema da *identidade pessoal*. Não dá mais para responder à pergunta "Quem

PRÓLOGO

sou eu?" com a mesma facilidade do passado. Ao deixar de ser "o senhor do seu destino" ou "o capitão da sua alma", quando o indivíduo olha para si mesmo, encontra uma maré intensa dos mais variados impulsos. O princípio da incerteza de Heisenberg, que na versão popular equivale a dizer que o próprio gesto de observar as coisas transforma o que é observado, funciona da mesma forma, inquietantemente, no momento em que nos olhamos no espelho. A Bíblia tem muito a dizer sobre quem nós somos como seres humanos e/ou como membros do povo de Deus e/ou como seguidores de Jesus — nada menos que o fato de que fomos criados à imagem de Deus e chamados para fazer parte do povo no qual essa imagem está sendo renovada. Logo, acabamos descobrindo que guardar na mente e no coração o que a Bíblia diz sobre quem somos, e fazer o melhor para viver de acordo com isso, entra em conflito direto com a nossa cultura, que questiona e desafia não somente o ponto de vista cristão sobre quem somos, mas também todo e qualquer ponto de vista predeterminado sobre a identidade pessoal.

Portanto, (a) o entendimento do mundo, (b) o entendimento da realidade e (c) o entendimento da própria identidade ameaçam se dissolver em um atoleiro, em uma névoa de incerteza, sem que se saiba até mesmo o significado do próprio "conhecimento". Para as pessoas que veem o mundo dessa maneira — basta dar uma olhada na maioria dos jornais e revistas para perceber que essa é a atmosfera cultural em que muitas pessoas se encontram o tempo todo —, a incerteza a respeito de tudo passou a ser um estilo de vida. Essa incerteza, por sua vez, seguramente gera uma busca desenfreada por confiabilidade: portanto, a uma adesão ao fundamentalismo, que no mundo atual não se traduz tanto em um retorno a uma cosmovisão pré-moderna, mas, sim, a uma forma de modernismo em particular (uma leitura da Bíblia dentro de parâmetros quase científicos ou pseudocientíficos em busca da "verdade objetiva"). Todos esses aspectos afetam a leitura bíblica em geral e seu uso na igreja em particular. Neste livro não defenderei nem um retorno ao pré-modernismo, nem uma rendição ao pós-modernismo, mas, sim, um caminho em meio a todo esse caos rumo a um estilo de vida de engajamento e apoio a esse mundo que Deus criou, aliado a um compromisso com a comunidade de seu povo e revestido de uma integridade bíblica e cristã.

A Bíblia e a política

A cultura obviamente afeta esta segunda área: a *política*. A realidade tem um modo bem agressivo de se reafirmar: alguém traça uma linha nas areias do Oriente Médio ou em uma estrada na Irlanda do Norte, e, se alguém cruzar essa linha, leva tiro.

A terrível tragédia de 11 de setembro de 2001 foi, por um lado, um momento pós-moderno clássico (os grandes símbolos do império econômico e militar sendo literalmente desconstruídos pelo atentado que é fruto de um discurso alternativo). Por outro lado, essa tragédia é a reafirmação da dura realidade não somente da própria morte, mas também contra um mundo que achava que tinha o poder de se reinventar e gerar uma variedade infinita de áreas privativas para seu próprio lucro e diversão.

As questões políticas não param de nos pressionar. A democracia ocidental contemporânea está em crise: as pessoas participam bem mais das votações nos *reality shows* que de algumas eleições majoritárias; o debate verdadeiro é domesticado pelo discurso da maioria, pelo sufocamento das discussões parlamentares causado pelo governo, pelo marketing político e pelos *lobbies* antidemocráticos. A classificação ideológica da direita à esquerda (que muitos supõem que faz parte da ordem fixa da realidade, mas que se constitui na verdade de uma simples herança da Revolução Francesa) leva os partidos, os comentaristas e os eleitores a uma mentalidade de conchavo segundo a qual, a partir do momento em que se posiciona com relação a uma questão em particular, a pessoa também se compromete com relação a várias outras. Os modelos antigos para se descobrir quem todos nós éramos e o que deveríamos estar fazendo (aqueles que foram forjados durante a Guerra Fria, por exemplo) desapareceram, deixando a certeza dolorosa de que não temos a mínima ideia do que está por vir, portanto não temos nenhuma

PRÓLOGO

estratégia para lidar com esses cenários (gerando, com isso, a tensão nos países balcânicos e no Oriente Médio, especialmente entre Israel e Palestina, a fome, a Aids e outras catástrofes).

O mapa do que podemos chamar de moralidade política encolheu. O Holocausto e a bomba atômica lançaram uma sombra moral sobre os últimos cinquenta anos. Praticamente todo o debate moral e político no Ocidente acontece em um mundo no qual sabemos que algumas coisas estão erradas, mas não temos a mínima ideia de como corrigi-las. O maior impulso foi o de se afastar ao máximo da imagem de Adolf Hitler — um alvo nobre com certeza, mas que não ajudou muito para encarar os detalhes de um mundo bem diferente. Nem todas as questões que enfrentamos podem ser entendidas com uma retomada dos termos de década de 1930. Muitos movimentos poderosos e importantes, como o feminismo e o pós-colonialismo, que geralmente ganham força com o impulso pós-moderno, mas também criam suas próprias regras de moralidade (o politicamente correto), chamam a nossa atenção em todos os lugares.

O que acontece quando lemos a Bíblia em meio a esse mundo? Acabamos descobrindo que suas narrativas de êxodo e de conquista, de libertação e de monarquia, de exílio e de retorno, e das afirmações universais de Cristo — que na verdade se constituem no Reino de Deus — trazem inúmeras repercussões inusitadas que não podemos deixar de lado em hipótese alguma. Contudo, dois séculos de fingimento de que a Bíblia nada tem a dizer a respeito de política (ou seja, desde o Iluminismo, quando essa crença se difundiu de forma generalizada) deixaram a igreja fora de forma — num estado irreconhecível para teólogos desde Irineu, no segundo século, até Richard Hooker, no século 16 — no que diz respeito às releituras contemporâneas sérias e responsáveis engajadas com as questões políticas urgentes de nossa época.

A Bíblia e a filosofia

A cultura e a política nos remetem à terceira área, que é a *filosofia*. Independentemente de nossa atitude de reconhecer ou ignorar esse fato, as questões que a filosofia propõe estão por trás dos grandes enigmas de cada sociedade. Como podemos conhecer as coisas? Quem somos nós? Que tipo de narrativa podemos apresentar sobre o mundo como um todo? Será o mundo algo único, ou deve ser dividido em algum tipo de dualidade entre o material e o espiritual — e, no caso de essa dualidade se constituir em um fato, qual das duas é mais importante, ou qual seria a parte "real"? Qual é a natureza do mal e o que se pode ou se deve fazer (se é que isso é possível) com relação a essa questão? Como os seres humanos podem viver de forma adequada neste mundo? Esses são alguns problemas clássicos tratados pela filosofia ocidental.

As duas últimas perguntas receberam uma resposta específica com o Iluminismo. Entre as várias vertentes que surgiram dessa explosão cultural, havia um novo modo de abordar a questão do mal, que tinha sido levantada de forma especial durante as guerras religiosas do século 17 e o terremoto que abalou Lisboa em 1755. Vamos supor que, segundo a proposta, o mundo realmente esteja dividido em dois, com Deus na parte superior e um mundo de pura causalidade na inferior. Se essa hipótese for verdadeira, Deus não controla o cotidiano do mundo material nem interfere nele. Se ele o controlasse, e interferisse nesse cotidiano, Lisboa (ou, como poderíamos acrescentar atualmente, "e Auschwitz") ficaria difícil de entender. No entanto, se deixarmos Deus fora dessa equação e propusermos que, em vez disso, ele pode trazer consolo no presente e uma esperança espiritual para o futuro, em algum lugar distante do mundo material, então o mundo não só pertence à humanidade, como também está nas mãos dela. De modo mais específico, ela pertence à esfera em que, exatamente na mesma época em que os filósofos desenvolviam esse raciocínio, desenvolviam-se novas tecnologias que começaram a proporcionar um controle inimaginável sobre o mundo natural, além de várias oportunidades de explorá-lo. Deus está no céu, que pertence a ele. Contudo, somos nós que resolvemos os problemas do mundo, com nossa dedicação, nossa energia e (é claro) nossos impérios.

PRÓLOGO

Na verdade, não conseguimos resolver esses problemas. O Iluminismo não cumpriu sua promessa. As pessoas não deixaram de brigar umas com as outras, e as terras do Iluminismo acabaram se envolvendo em conflitos mutuamente destrutivos, enquanto as soluções "racionais" aos problemas que foram identificados acabaram levando aos fenômenos vergonhosos do Gulag e do Holocausto. A maior nação pautada pelo Iluminismo, os Estados Unidos da América, acabou controlando de fato um império mundial que fica cada vez mais rico a cada minuto, enquanto boa parte do mundo não só continua pobre, como também tem essa situação agravada a cada instante. Tudo isso, e muito mais, entra na composição do solo fértil em que a pós-modernidade germinou e cresceu, tanto na condição de um movimento de protesto como de um novo sistema filosófico. Por causa disso, a filosofia do século 20 fugiu das grandes questões em direção da filosofia analítica por um lado ("Vamos pelo menos estar certos de que temos alguma coerência, mesmo sem saber sobre quais assuntos estamos falando"), e em direção do existencialismo para o outro ("Como posso viver de forma autêntica dentro desse mundo estranho ou desconhecido?"), chegando claramente a um beco sem saída. Afinal de contas, qual é o sentido de falar de modo coerente sobre um mundo de realidade virtual no qual a aparência é tudo e a essência não significa nada? E que graça há na tentativa de ser "autêntico" quando não sabemos quem somos nesse processo?

Tudo isso serve para provar que essas maneiras antigas de pensar sobre o mundo deixaram sua marca sobre o estudo da Bíblia e sobre o modo pelo qual ela é ensinada nas universidades, nas faculdades e nas igrejas, e na infinidade de livros que são considerados didáticos — e que essas formas antiquadas acabaram sendo desacreditadas nesse contexto cultural dominante. (Muitos professores ainda ensinam os resultados "objetivos" da pesquisa científica que é conduzida "sem pressupostos" e consideram todas as tentativas de questionamento uma espécie de retorno a uma mentalidade ingênua, fundamentalista e pré-crítica.) Testemunhamos atualmente uma nova onda de estudos bíblicos, ou mesmo várias ondas novas, nas quais os movimentos pós-modernos como os que já mencionamos — o feminismo e o pós-colonialismo, por exemplo — trouxeram novas perspectivas. Como afirmei, é isso que está acontecendo no mundo e influenciando o modo pelo qual as pessoas leem a Bíblia e falam sobre ela, de forma consciente ou inconsciente, principalmente sem se darem conta disso. Será que existe algum modo de ler a Bíblia que leve em conta as correntes de debates filosóficos ao seu redor e que, ao mesmo tempo, se recuse a ser detonado ou sepultado no fundo do mar?

A Bíblia e a teologia

A quarta área a ser abordada é a *teologia,* e a narrativa a ela relacionada nos estudos bíblicos recentes em uma cultura pluralista importante como a dos Estados Unidos, que proporcionou um contexto igualmente confuso para a leitura da Bíblia, a despeito de sua riqueza. O lugar da Bíblia dentro da teologia foi um assunto bem debatido quando a teologia liberal se encontrava em seu auge, nas décadas de 1960 e 1970, sem que se chegasse a uma conclusão consistente. Embora John A. T. Robinson seja reconhecido como um especialista bíblico de renome, seu livro mais famoso, intitulado *Um Deus diferente* (Ed. Herder, 1967), não sentia nenhuma obrigação de dialogar com a Bíblia no processo de reestruturação do modo cristão de pensar, e até mesmo via mais a Bíblia como parte do problema do que como parte da solução. A renovação da teologia trinitária que aconteceu na década de 1970 (associada a teólogos de várias vertentes, como Jürgen Moltmann, Colin Gunton e Rowan Williams) transcorreu sem que se firmasse um compromisso explícito com a Bíblia, nem é fruto de exegese bíblica, provavelmente porque os especialistas bíblicos aos quais esses teólogos sistemáticos tinham acesso não estavam muito interessados na doutrina de Deus, ou mesmo em alguma outra forma de "doutrina", por seus próprios méritos.

Poucos (para não dizer nenhum) teólogos sistemáticos ou filosóficos das duas últimas gerações escreveram obras de peso sobre a Bíblia, ou seja, sobre o que o texto realmente diz. Um exemplo extraordinário e instrutivo é o livro recente *Holy Scripture:*

A Dogmatic Sketch (As Escrituras Sagradas: um esboço dogmático) (CUP, 2003). Não há como conhecer, pela leitura desse livro, o conteúdo da Bíblia. Webster poderia afirmar que esse comentário foge ao seu propósito, mas, já que sua tese defende que a Bíblia é a fonte central de todo o pensamento cristão, nada mais adequado que também esse ponto de vista seja baseado na própria Bíblia. Quem sabe os teólogos tenham sido desaconselhados a fazer isso por causa do precedente de Karl Barth, que trouxe uma exegese substancial dentro de seu livro *Dogmática eclesiástica*, que, em sua maior parte, não resistiu às análises mais criteriosas. [Duas exceções nobres nesse aspecto são A. C. Thiselton, cujo comentário extenso de 1Coríntios (Paternoster, 2000) se destaca de forma impressionante, juntamente com seus dois livros anteriores sobre a hermenêutica filosófica — *The Two Horizons* (Os dois horizontes) (Paternoster, 1980) e *New Horizons in Hermeneutics* (Novos horizontes na hermenêutica) (HarperCollins, 1992); e Oliver O'Donovan, que, em boa parte de sua obra, o livro *The Desire of the Nations* (O desejo das nações) (CUP, 1996), apresenta uma reflexão bem fundamentada sobre o conteúdo, não somente sobre o fato, da Bíblia].

Na verdade, os teólogos sistemáticos com frequência retratam as crenças cristãs primitivas em suas obras simplesmente como se bastasse resgatar algumas raízes gregas — ou mesmo como se os únicos especialistas bíblicos que interessam fossem aqueles que são capazes de "descobrir" dentro do texto bíblico as mesmas ideias que estivessem procurando no momento. Ninguém mais acredita de fato na ideia antiga de que os especialistas bíblicos, munidos de ferramentas e métodos neutros e objetivos, extraem da Bíblia os "fatos" que os teólogos sistemáticos têm a capacidade de "interpretar" posteriormente. Todo aquele que trabalha no meio acadêmico bíblico sabe, ou deveria saber, que nós, os especialistas dessa área, abordamos o texto com as mesmas estratégias interpretativas e com as mesmas expectativas que as pessoas em geral possuem, e que a integridade dessa tarefa não consiste em descartar todos os pressupostos, mas, sim, em ter consciência deles e da obrigação de escutar e interagir com as pessoas que possuem pressupostos diferentes. Apesar disso, quando acham conveniente, as pessoas continuam escrevendo como se essa ideia ainda tivesse um fundo de verdade.

De forma mais ampla, o movimento que se autodeclara "ortodoxia radical" tenta conduzir uma espécie de teologia medieval reciclada, mas, estranhamente, a Bíblia está ausente desse projeto. Por outro lado, boa parte da teologia que vem da África e de outras partes do mundo que não fazem parte do bloco ocidental se baseia fortemente na Bíblia, mas, em virtude do fato de poucas pessoas no Ocidente levarem a sério essa produção teológica até bem pouco tempo atrás, isso não chegou a causar tanto impacto.

Na verdade, em uma parcela considerável da teologia contemporânea, geralmente a Bíblia é usada somente como um recurso — importante, rico e inspirador em alguns casos, mas problemático e confuso em outros — sem que haja nenhum consenso sobre como a teologia cristã pode submeter-se à sua autoridade ou trazer uma base teórica para ela. Na própria esfera dos estudos bíblicos, os debates sobre o Jesus histórico na década de 1990, nos Estados Unidos, a "nova perspectiva sobre Paulo" e a denúncia feminista (e de outros movimentos) de "textos de terror" (passagens bíblicas que são usadas para justificar a violência e a opressão) estão marcados pelas pressões culturais, políticas e filosóficas que já analisamos. Enquanto tudo isso acontece, é compreensível que alguém erga as mãos para o céu e questione se existe algo que se possa extrair da Bíblia, além de algum estímulo para nossa vida devocional. Até nesse caso alguns críticos sugerem que pode haver passagens que devem ser acompanhadas de um alerta de saúde pública. Será que existe algum modo de virar essa página?

A Bíblia e a ética

As questões relacionadas à *ética* — a quinta área de análise que é foco de muitos debates sobre a Bíblia e sua autoridade — estão intimamente associadas ou, melhor dizendo, freneticamente ligadas com praticamente todas as áreas que acabei de mencionar. Um exemplo bem claro é a tentativa, um tanto frenética na atualidade, de se retomarem as discussões sobre guerra e paz. Pessoas que nunca tinham ouvido falar da expressão "guerra justa" descobriram de repente a necessidade de pensar sobre isso — e sobre os impulsos bíblicos, possivelmente em forma de imperativos evangélicos, na direção do pacifismo. Jesus teria sido um pacifista? Se ele não acreditava na violência, por que derrubou a mesa dos cambistas? Será que a afirmação de Paulo de que "as autoridades governamentais" foram estabelecidas por Deus e de seu direito de "portar a espada" (Romanos 13:1-7) significa que os cristãos podem prestar serviço militar — algo que relativamente poucos cristãos ocidentais teriam questionado até bem recentemente?

Além disso, as questões atuais sobre gênero e sexualidade surgiram e foram moldadas e adaptadas dentro dos contextos culturais, políticos, filosóficos e teológicos do nosso tempo. Um bom exemplo que é importante para nossa análise atual é o debate feroz entre os "essencialistas" e os "construtivistas" sobre a questão da homossexualidade. Os essencialistas insistem que haja um posicionamento menos modernista com relação à "identidade" objetiva do indivíduo no que se refere à sua "orientação" ou preferência sexual e, para que isso aconteça, eles têm prolongado uma busca incansável de um "gene gay". Os construtivistas defendem uma identificação sexual totalmente pós-moderna e variável, na qual a escolha do tipo de atividade é feita no decorrer da vida, sem nenhuma necessidade de explicação, justificação ou defesa de comportamento no que se refere a normas externas, realidade objetiva ou suposição de "identidade". Esse debate entra em conflito com algumas discussões antigas, como, por exemplo, aquela que debate entre as características "inatas" e as características "adquiridas", mas não com todas. Porém, o que essas coisas têm a ver com a Bíblia, se é que realmente têm alguma correlação?

UMA MENSAGEM RENOVADA DA PARTE DE DEUS

Ao deparar com essas cinco pautas de perguntas, a leitura cristã da Bíblia não deve limitar-se a assumir uma forma ou outra de acordo com a pressão local. Muito pelo contrário! As parábolas de Jesus invadiram o mundo do judaísmo do primeiro século, abrindo novos caminhos para que se entendesse o Reino de Deus e criando um espaço hermenêutico para descobertas em que as pessoas pudessem imaginar novos modos de pensar, orar e viver. Do mesmo modo, as próprias escrituras guardam a promessa contínua de que a palavra de Deus continuará viva, ativa, poderosa e frutífera (e.g., Isaías 40:8; 55:11; Hebreus 4:12). Isso deve fazer brotar a esperança de que, por meio de uma nova leitura e de um ensino renovado da Bíblia, nossa cultura atual e tudo o que ela representa serão abordados e desafiados por novos pontos de vista concedidos por Deus, sem que sejam neutralizados pela conformação àqueles mesmos padrões.

Para que isso aconteça, dentro de um debate sério, não adiantará recorrer (por exemplo) a Romanos 13 para justificar a ação militar, nem a Romanos 1 para proibir a prática homossexual, como se uma simples referência resolvesse a questão. Esse tipo de conduta implicaria ignorar tanto os debates reais que acontecem no momento a respeito do contexto e do sentido dessas duas passagens como as seguintes perguntas fundamentais subjacentes:

1. Afinal de contas, em que sentido a Bíblia é autoritativa?
2. Como a Bíblia pode ser entendida e interpretada de forma apropriada?
3. Como poderá essa autoridade, depois de se chegar à sua interpretação adequada, ser reconhecida dentro da própria igreja, ou mesmo no mundo?

Todo o restante desta pequena obra se dedica a responder a essas perguntas.

Essas batalhas a respeito da Bíblia às vezes repetem os debates do século 16 sobre a autoridade das Escrituras com relação à "tradição" e à "razão", embora boa parte deixe de fazê-lo. Isso pode induzir a erro porque muitos cristãos nas denominações tradicionais, até mesmo muitos clérigos, vieram a conhecer a teologia a partir desses debates e se sentem constrangidos a assumir posições de acordo com eles.

PRÓLOGO

Quem segue o ponto de vista protestante ou evangélico destacará a autoridade das escrituras; já quem está inserido no contexto católico defenderá fortemente a tradição. Além disso, quem vê a si mesmo como liberal dará destaque à razão.

Entretanto, a própria "Bíblia", a "tradição" e a "razão", e as relações entre elas, não permaneceram estáveis através dos séculos. Até mesmo as escrituras, cujo texto permaneceu relativamente constante (embora tenha passado por leves revisões por causa das novas descobertas de manuscritos), agora são *percebidas* de forma bem diferente de como eram vistas no século 16. Naquela época, elas eram vistas como um repositório de doutrinas no mesmo sentido que Heródoto e Tucídides eram as mais altas "autoridades" da história grega primitiva. Atualmente, a Bíblia é vista (com algumas variações) como uma miscelânea de documentos que refletem uma vertente da história cultural e religiosa ou, segundo outro ponto de vista, como a grande narrativa, a história abrangente de Deus e do mundo (veja as páginas 149-155). De modo parecido, o sentido da palavra "tradição", de acordo com obras como o estudo de John Henry Newman sobre o desenvolvimento da doutrina, sofreu uma grande mudança em relação ao que expressava anteriormente (p. 95-99). Vale a pena repetir que a palavra "razão", que a princípio Hooker e seus contemporâneos concebiam como pensar de forma clara e lógica, acabou se tornando maiúscula e assumindo uma identidade autônoma e independente, e em muitos casos é chamada de uma fonte separada referente aos supostos resultados da ciência moderna (p. 101-104; 148).

Tudo isso significa que seria uma atitude bastante equivocada encarar as discussões aqui constantes basicamente como um meio de voltar a se envolver nas batalhas do século 16. Isso não quer dizer que essas divisões não sejam importantes, ou que não tenham nada em comum com as questões atuais. (A extensão do vínculo que as divisões hoje existentes possuem com essas divisões do passado será esclarecida mais adiante.) Isso quer dizer que temos de analisar profundamente a questão do que significa no século 21 ser um cristão fiel, e, dentro desse compromisso, ser também um leitor e/ou professor maduro e sábio das escrituras, levando em conta todos os novos conflitos e desafios que enfrentamos atualmente. Temos de recorrer à sabedoria do passado descartando a ideia de que nossas questões sejam as mesmas abordadas por Lutero, ou Calvino, ou Cranmer, ou Hooker, ou mesmo por Tomás de Aquino, ou por Inácio de Loyola. Nem mesmo as questões que John Henry Newman, Karl Barth, William Temple, Michael Ramsey ou John A. T. Robinson enfrentaram são as mesmas de hoje. Estamos em mares nunca antes navegados, e eles têm uma profundidade bem maior do que os debatedores contemporâneos parecem perceber.

O NÍVEL RASO DO DEBATE ATUAL

É com tristeza que informo que boa parte do debate é conduzida atualmente de maneira rasa e trivial — um debate que deveria ser bem profundo, considerando o volume de trabalho realizado na abordagem dessas questões importantes. Todos nós já estamos acostumados (e cansados) com as discussões acaloradas que não passam de uma troca de insultos ("fundamentalista", "radical", entre outros). Parece que todos emperramos na tática da "culpa por associação", a tentativa de fazer uma lista de quem está do nosso lado observando as várias semelhanças nas posições dos outros, mesmo em se tratando de questões bem diferentes. Tanto as afirmações simplistas de um lado ("A Bíblia diz que...") como as contestações do outro ("Você está lendo esse texto de forma ingênua. Nós seguimos *o contexto*, e isso muda tudo") só acabam atrapalhando o debate sério. (Veja mais adiante no capítulo 7.)

Surgem problemas semelhantes quando as pessoas empurram a Bíblia para um dos lados porque ela parece estar dizendo-lhes alguma coisa que não gostariam de ouvir. Isso acontece de forma secreta no caso dos chamados conservadores, que escolhem passar por cima das dimensões eclesiásticas, ecumênicas, sacramentais e ecológicas da soteriologia paulina, para destacar e favorecer uma doutrina de justificação ou de "salvação pessoal" que deve sua forma atual a uma mistura de influências da Reforma, do Iluminismo e do existencialismo. O debate pode ser conduzido de maneira ousada e agressiva no caso dos chamados radicais, que geralmente amam dizer: "Paulo diz isto, e sabemos agora que ele está errado", fazendo um show diante de um público repleto de iconoclastas. Tudo isso deve ser identificado, reprovado e descartado na busca de uma sabedoria renovada.

O ESTADO DA LITERATURA ATUAL

Isso não quer dizer que não exista nenhuma obra abrangente, por que não dizer magistral, sobre a natureza da autoridade bíblica. Já que não há como interagir com esses trabalhos em detalhes, nem resumir os vários pontos de vista que expressam, limito-me a observar que encontrei auxílio — embora, em alguns casos, eu tenha sido forçado a discordar — em muitos livros. Em vez de amontoar referências nesta parte do texto, resolvi disponibilizar uma lista no Apêndice. Elas indicam que hoje em dia presenciamos um engajamento sério e dinâmico com toda a questão relacionada à natureza da Bíblia, e ao modo de lê-la, com cautelas culturais e intelectuais e com integridade, e de colocá-la em seu devido lugar na vida e na missão da igreja. Essas obras rejeitam de maneiras diferentes tanto a dicotomia estéril e falsa da polêmica modernista clássica como as desconstruções torturantes propostas pela pós-modernidade. Elas representam saídas inovadoras para tudo isso em direção a uma reflexão criativa e inteligente. As reflexões que se seguem resultam de forma implícita e complementar (assim espero) desse movimento que está surgindo. Espero que quem desejar dar andamento a essa discussão depois de examinar esta obra não se limite a defender nenhum ponto de vista preestabelecido de forma irrefletida, mas esteja preparado para um debate sério, munido dos argumentos mais refinados possíveis.

COM A AUTORIDADE DE QUEM?

Na primeira abordagem do prólogo, examinamos o papel das escrituras na história da igreja cristã e, em seguida, refletimos sobre como esse papel é influenciado pela cultura contemporânea. Passaremos a estudar neste capítulo a "autoridade das escrituras" como parte do contexto maior da autoridade divina.

A "AUTORIDADE DAS ESCRITURAS" É UM MODO SIMPLES DE DIZER "A AUTORIDADE DE DEUS EXERCIDA *POR MEIO DAS* ESCRITURAS"

Chegou o momento de explicar o argumento central deste livro: a expressão "autoridade das escrituras" só faz sentido quando resume a seguinte definição: "a autoridade do Deus trino, que é exercida de algum modo *por meio das* escrituras". Quando entendemos esse princípio, temos o esclarecimento de muitas outras coisas.

Paulo declara com relação aos governos que toda autoridade vem de Deus (Romanos 13:1). Jesus diz algo bem parecido em João 19:11. Em Mateus 28:18, o Jesus ressuscitado faz uma afirmação bem mais impressionante: toda autoridade no céu e na terra foi dada a ele, e a frase é repetida em outras passagens, como, por exemplo, Filipenses 2:9-11. Esse cenário pode ser confirmado por uma breve leitura de vários outros textos tanto no Antigo (e.g., Isaías 40-55) como no Novo Testamento (e.g., Apocalipse 4—5). Quando João declara que "No princípio era a Palavra", ele não atinge o ponto alto de sua narrativa dizendo que "a Palavra foi escrita", mas, sim, que "a Palavra se tornou carne". A Carta aos Hebreus comenta de forma brilhante o fato de que Deus falou por meio das escrituras de muitas maneiras no passado, mas que nos últimos tempos vem falando por meio de seu próprio filho (Hebreus 1:1-2). Já que essas são afirmações "bíblicas", isso dá a entender que a própria Bíblia — com autoridade, se é que ela a tem — afasta essa prerrogativa de si mesma e a direciona ao fato de que a autoridade verdadeira e definitiva pertence ao próprio Deus, que no tempo presente a delegou a Jesus Cristo. É Jesus quem diz a verdade, que ouviu de Deus, de acordo com João 8:39-40.

É por tudo isso que a expressão conhecida "autoridade das escrituras" prova-se mais complicada do que pode parecer à primeira vista. Essa complexidade oculta pode ser a razão pela qual alguns debates atuais nunca conseguem chegar a lugar algum. Entretanto, esse tipo de problema é endêmico em muitas disciplinas e devemos ser suficientemente maduros para lidar com ele. Os *slogans* e os clichês geralmente consistem em formas resumidas de expressar afirmações mais complexas. Na teologia cristã, essas expressões agem com frequência como "histórias portáteis", ou seja, como maneiras de transmitir longas narrativas sobre Deus, Jesus, a igreja e o mundo, arrumando-as em malas convenientes e transportando-as conosco. (Um bom exemplo é a palavra "expiação". Ela é rara na Bíblia, mas nós encontramos afirmações parecidas com: "Deus amou tanto o mundo que deu seu filho unigênito" etc., mas, quando precisamos falar sobre ela, é mais fácil usar essa palavra, que parece "conter" todas essas afirmações, do que repetir uma ou mais dessas frases em todas essas ocasiões.) Essas "abreviações", em outras palavras, são úteis como as malas: elas nos ajudam a pegar vários conceitos complicados e transportá-los todos juntos. No entanto, não devemos nos esquecer da razão de resumir os conceitos, que é bem parecida com a de carregar a bagagem em malas: desdobrá-los para que possam ser usados em outro lugar. Uma grande parte dos debates sobre a autoridade das escrituras parece mais com a ação de uma pessoa que bate na outra com malas trancadas. Está na hora de abrir as malas de nossas expressões simplificadas das doutrinas, desdobrá-las e analisá-las. É possível que os anos durante os quais ficaram guardadas nas malas tenham feito com que partes da bagagem criassem um pouco de mofo. Será de grande valia serem expostas ao ar livre ou, quem sabe, a um ferro de passar.

Portanto, é só no instante em que tiramos a expressão "a autoridade das escrituras" da mala que reconhecemos o fato de que ela só pode ter um significado cristão quando nos referimos à autoridade das escrituras *em um sentido delegado e intermediário* da autoridade que só pertence ao próprio Deus e ao Senhor ressuscitado, o Filho de Deus, o Emanuel. Em um contexto cristão, ela necessariamente quer dizer "a autoridade de Deus *exercida por meio das* escrituras". Então, surgem as seguintes perguntas: O que queremos dizer quando usamos a expressão autoridade de Deus ou de Jesus? Qual é a função da escritura *dentro do contexto* dessa autoridade? Qual é a participação do Espírito Santo nisso tudo? Além disso, temos uma pergunta igualmente importante: Como *funciona* essa "autoridade" de fato? Como ela se relaciona, se é que existe alguma correlação, com a "autoridade" dos líderes ou das pessoas que têm cargos na igreja?

AUTORIDADE E NARRATIVA

Antes de começar a responder a essas perguntas, temos de enfrentar um fator que complica as coisas ainda mais. Além de a própria Bíblia declarar que toda a autoridade pertence ao Deus revelado em Jesus e no Espírito Santo, esse livro como um todo (e a maior parte de suas passagens) não se parece em nada com o tipo de coisa que as pessoas imaginam quando ouvem a palavra "autoridade".

Para começo de conversa, não consiste em uma lista de regras, embora contenha muitos mandamentos de vários tipos e em vários contextos, muito menos em um compêndio de doutrinas verdadeiras, embora com certeza muitas partes declarem grandes princípios sobre Deus, Jesus, o mundo e nós mesmos de forma bem clara. A maioria das partes que a constituem, e todas elas em conjunto (seja na forma canônica judaica, seja na cristã), seriam mais bem descritas como *narrativas*. Esse é um assunto complicado e amplamente discutido, mas ignorar esse fato não é de muita ajuda.

A pergunta é: Como uma narrativa pode ser investida de autoridade? Se algum comandante entrar no quartel e começar a falar: "Era uma vez...", é possível que os soldados fiquem confusos. Se o secretário do clube de ciclismo afixar um aviso com uma história no quadro em vez de uma lista dos horários dos passeios, os membros não saberão a que horas devem chegar ao local combinado. À primeira vista, o que vemos como "autoridade" e o que conhecemos como "narrativa" não se encaixam tão facilmente.

Entretanto, uma breve meditação sugere que, em níveis mais profundos, existem mais fatores a ser considerados. Para começar, o comandante pode precisar trazer um informe breve aos soldados sobre tudo o que aconteceu nas duas últimas semanas, de modo que eles entendam os pontos vulneráveis e as dinâmicas internas da tarefa de manutenção da paz que eles estão perto de executar. A narrativa trará uma atualização, agora será tarefa deles dar andamento ao novo capítulo da saga que está prestes a acontecer. Ou suponha que o secretário do clube, depois de tentar conscientizar os membros de uma forma mais completa sobre os procedimentos de segurança, decide tentar uma estratégia diferente, e coloca no quadro um aviso que consiste simplesmente em uma história trágica, sem maiores comentários, de um ciclista que ignorou as regras e fracassou. Entenderíamos que, em ambos os casos, estava sendo exercido algum tipo de "autoridade", e provavelmente de forma bem mais eficaz do que comunicar uma simples lista de instruções.

Também existem outras maneiras pelas quais a narrativa é capaz de transformar o modo como as pessoas pensam e se comportam — em outras palavras, podem exercer poder e/ou autoridade. (A relação entre esses dois conceitos com certeza se constitui como outro conjunto de enigmas bem conhecidos, mas espero que a explicação que estou trazendo possa ser clara o suficiente.) Uma história conhecida contada por um novo ângulo estimula as pessoas a pensar de um modo diferente sobre si mesmas e sobre o mundo. Uma história contada com emoção, humor ou drama dá asas à imaginação e convida o leitor ou o ouvinte a se imaginar em situações parecidas, propiciando novas descobertas sobre Deus e sobre os seres humanos, o que acaba capacitando essa pessoa a organizar sua vida de um modo mais sábio.

Todos esses exemplos, e muitos outros que podem não ocorrer com tanta facilidade, mostram com certeza as maneiras pelas quais a Bíblia funciona na prática, e com certeza como ela exerce autoridade. Isso sugere fortemente que, para que a Bíblia surta o efeito para o qual parece que ela foi criada, será necessário que a igreja a ouça da forma como ela é, sem cortá-la em pedacinhos, no afã de transformá-la em algo que ela não é. Voltaremos a falar sobre isso.

A "AUTORIDADE DAS ESCRITURAS" COMO DISCURSO DE PROTESTO

Quero acrescentar um comentário mais introdutório sobre o modo pelo qual a expressão "autoridade das escrituras" tem funcionado e se desenvolvido ao longo dos últimos séculos. Suponho que ela tenha surgido em situações de protesto, como o de Martinho Lutero contra o Papa ou como o dos grandes movimentos da Igreja Livre contra o anglicanismo (estou pensando no batista Charles H. Spurgeon, que, no século 19, recorreu às escrituras para explicar o motivo pelo qual ele se opunha tanto à igreja oficial), ou, dentro das várias denominações, de uma suposta minoria "bíblica" contra uma liderança supostamente "liberal". Em outras palavras, recorre-se a essa expressão quando se propõe ou se faz algo na igreja que os outros questionam: "Você não pode fazer isso porque a Bíblia diz...". Reconhecemos que também existe um uso positivo, exemplificado no ensino e na pregação das escrituras. No entanto, observa-se que, quando alguém insiste que a autoridade da Bíblia só conta consigo mesma — quem sabe em uma decisão unilateral de deixar uma denominação ou um grupo supostamente antibíblico —, passa a criar rapidamente uma subdivisão entre as pessoas que leem a Bíblia *de uma maneira* contra as que leem a Bíblia *de outra maneira*. Isso sugere que, por si só, um apelo extremamente precipitado à autoridade das escrituras não funciona. Precisamos colocar a Bíblia dentro de um contexto maior que seus próprios escritores fazem questão de destacar: a autoridade do próprio Deus.

Entretanto, o que a própria Bíblia tem a dizer sobre a autoridade de Deus?

A AUTORIDADE NO "REINO" DE DEUS

Quando falamos ou ouvimos a palavra "autoridade", nem sempre pensamos sobre o tipo de coisa a que a Bíblia se refere quando fala a respeito do modo como o verdadeiro Deus exerce sua "autoridade" sobre o mundo. A forma preferida que a Bíblia utiliza para se referir a esse assunto, até mesmo à função salvadora de Jesus, está inserida no conceito mais dinâmico da soberania de Deus, identificado como o *Reino*. Esse não é, de fato, o tipo de "autoridade" que consiste somente em um tribunal de última instância, nas ordens do dia expostas por um comandante, ou na lista de regras afixada à parede do clube de ciclismo. Esse conceito surge claramente nos evangelhos, nos quais a "autoridade" de Jesus reside tanto em seu poder de cura como em seu modo diferente de ensinar, que os evangelistas — e o próprio Jesus — enxergavam como a parte inicial da implantação do Reino de Deus. Além disso, antes de tudo, a própria ideia do Reino de Deus não deve ser entendida dentro do uso bem diferente que a *nossa* cultura vem fazendo dela nos últimos dois ou três séculos, mas dentro do contexto e das aspirações de Israel tanto no Antigo Testamento (Salmos, Isaías, Daniel etc.) como no mundo em que Jesus vivia (eu e outros autores explicamos esse mundo e esses significados bem profundamente: veja, e.g., *Jesus and the Victory of God* (Jesus e a vitória de Deus) — SPCK, 1996, Parte II).

Os escritores bíblicos lidam com o conflito entre crer, por um lado, que Deus sempre foi soberano sobre o mundo e, por outro lado, que essa soberania, esse governo salvador, trata de algo que deve irromper de uma nova maneira neste mundo de corrupção, ruína e morte, caracterizado também pela rebelião humana, pela idolatria e pelo pecado, que estão associados a tudo isso. "Naquele dia", diz o profeta, "YHWH será rei de toda a terra. Naquele dia haverá um só

Senhor e o seu nome será o único nome" (Zacarias 14:9) — claramente indicando, ainda que de forma paradoxal, por se referir ao Deus criador, que esse estado de coisas ainda não chegara. A esperança judaica era de que o Reino de Deus seria implantado em seu mundo para libertá-los da opressão e colocaria o mundo inteiro em ordem. Quando o Apocalipse retrata Deus e o Cordeiro recebendo todo o poder, a glória e tudo o mais, é porque, por meio da vitória do Cordeiro, toda a criação está sendo restaurada à harmonia para a qual foi estabelecida, e resgatada do mal e da morte. A *autoridade* de Deus, da maneira que pode ser identificada nesse contexto, consiste em seu poder soberano para concretizar essa renovação de toda a criação. A autoridade específica sobre os seres humanos, particularmente sobre a igreja, tem de ser vista como parte desse contexto mais amplo.

É nesse ponto que vou um pouco mais longe do que a tese bem útil de Telford Work, que analisa no livro *Living and Active: Scripture in the Economy of Salvation* (Viva e eficaz: a Bíblia na economia da salvação) (Eerdmans, 2002) o modo pelo qual as escrituras funcionam de forma dinâmica dentro dos acontecimentos complexos da salvação do ser humano. Concordo com ele até certo ponto, mas nas escrituras ficamos sabendo que o propósito de Deus não se limita a essa salvação, também envolvendo a renovação de todo o mundo. Essa é a narrativa inacabada para a qual os leitores da Bíblia são convidados a dar a própria parcela de contribuição. Portanto, a "autoridade das escrituras" não passa de uma subdivisão de vários outros temas teológicos: a missão da igreja, a obra do Espírito Santo, a esperança definitiva no futuro e no modo como ele é experimentado no presente, e, com certeza, a própria natureza da igreja. Parte do problema surge no momento em que se deixa de prestar atenção a todos esses aspectos ao estudar como as escrituras funcionam, já que constatamos que, quando as pessoas, ao ouvir a palavra "Bíblia", passam a pensar que se trata de um livro de regras — e então, de acordo com suas preferências, ou seguem a hipótese de que todas as regras devem ser seguidas sem questionamento algum, ou supõem ter a liberdade de desobedecer a todas elas.

Porém, a questão levantada pelo livro de Work ainda é adequada: qual é o *papel* que as escrituras desempenham *dentro* da realização do objetivo de Deus? É imensamente importante que não encaremos o papel da Bíblia simplesmente como *um meio de informações verdadeiras*, ou mesmo um comentário preciso sobre a obra de Deus que promove a salvação e a nova criação, mas, sim, como parte ativa *dentro* desse propósito progressivo. Só se pode descobrir um significado abrangente — e realmente bíblico — da "autoridade das escrituras" nesse contexto. Uma das principais causas de nossas confusões contínuas e de nossa polarização reside em criar atalhos na busca do significado desse conceito, por desconhecer esses primeiros passos. A função da Bíblia é constituir-se em um meio de propiciar a ação de Deus em nós e através de nós — que inclui, mas vai muito mais além do que simplesmente transmitir informações.

MUITO ALÉM DA "REVELAÇÃO"

Tudo isso nos alerta para o fato de que a Bíblia vai além de uma simples "revelação", no sentido de "transmitir informações". Isso transcende a "autocomunicação de Deus", e até o "registro da revelação". Essas categorias chegam atualmente a nós refletindo a estrutura antiga do pensamento, segundo a qual se encarava como questão principal um Deus ausente na maior parte do tempo, o qual escolhe enviar ao mundo algumas mensagens sobre si mesmo e sobre seus propósitos. Isso usurpou o retrato bíblico mais rico de um Deus que, embora seja transcendente, está presente na vida dinâmica e abundante de sua criação e que sofre com a humilhação e a dor dela.

Com certeza, existe uma noção bem mais antiga de "revelação", segundo a qual Deus continuamente revela a si mesmo ao mundo e em meio ao mundo que ele criou, e particularmente para e em meio ao seu povo, Israel. Isso está muito mais de acordo com a imagem mais rica que tenho em mente. Entretanto, na maior parte do pensamento pós-iluminista, essa visão foi substituída por uma versão limitada, ou seja, o retrato de um Deus que se restringe a transmitir informações religiosas, teológicas ou éticas. Por sua vez, essa é a origem da hipótese popular e alternativa que tem livre curso principalmente nos movimentos existencialistas de que as escrituras não passam de um "registro" da revelação que aconteceu em outro lugar, supostamente em acontecimentos na vida do povo de Deus, ou em sua própria experiência religiosa. Isso acabou abrindo caminho para a falsa antítese de ver a Bíblia destas duas formas: seja como um depósito conveniente de princípios eternos, seja como um meio de transmitir "informações verdadeiras", seja ainda como uma moeda de troca que se acha distante da realidade que aborda, que pode ser muito útil de vez em quando para servir a alguma estratégia que segue estruturas, propósitos e motivações externas, podendo ser descartada, pelo menos em parte, se não parecer útil para a conquista desses propósitos. Uma visão plenamente cristã da Bíblia passa pela ideia da autorrevelação de Deus, mas, quando colocada em um contexto mais amplo, ela a transforma. Isso ocorre exatamente porque o Deus que revela a si mesmo é aquele que ama e governa o mundo ao mesmo tempo, em vez de ser um senhorio ausente, e porque sua autorrevelação sempre deve ser entendida dentro da categoria da missão de Deus com relação ao mundo, a soberania salvadora de Deus comunicada por meio de Jesus e do Espírito Santo e que visa à cura e à renovação de toda a criação.

MAIS DO QUE UM MANUAL DEVOCIONAL

Do mesmo modo que a Bíblia não é somente uma revelação, também não consiste simplesmente em um auxílio devocional, nem mesmo no principal deles. É certo que ela exerce essa função em muitas tradições, inclusive na minha, de tal modo que não consigo enxergar uma comunhão diária com Deus que não esteja centralizada na Bíblia. Muitas tradições usam as escrituras como o combustível ou como a matéria-prima da oração individual, da adoração, da meditação, entre outras coisas. Podemos citar a *lectio divina* dos monges, a "hora silenciosa" dos evangélicos e a meditação "inaciana" que cada vez mais cresce em popularidade. Nessas comunidades que dedicam esse tempo diário, sempre se reserva um tempo de silêncio depois de uma ou mesmo de todas as leituras, com o propósito de propiciar uma reflexão em espírito de oração. Acredito plenamente que esses usos das escrituras se constituem em algo fundamental para uma vida cristã saudável.

Porém, esse não é o significado principal que deve vir à mente quando se pensa na "autoridade das escrituras". É possível que surja alguma confusão neste ponto, ainda mais em meio ao destaque, ao qual se recorre repetidamente em alguns grupos de discussão na atualidade, que diz que "Deus só fala através das escrituras". Acredito que isso surja especialmente em relação a questões de orientação pessoal, nas quais se dá o conselho de que não se deve acreditar nem seguir ideias ou impulsos que não venham, ou que pelo menos não contem com respaldo nas escrituras.

Entretanto, é um erro confundir *devoção* com *autoridade*. Na oração, acontecem coisas de todo tipo, ainda mais quando ela se baseia na Bíblia. Fazemos correlações quando lampejos de inspiração saltam de uma passagem ou outra das escrituras para a vida ou para a situação em que alguém se encontra. Muitas vezes, elas parecem ser bem convincentes. No entanto, esse processo, por si só, não é suficiente nem mesmo constitui uma atitude necessária para permitir que as escrituras sejam *autoritativas* na igreja. É possível que, infelizmente, essas centelhas de interpretação devocional nos levem na direção errada. Há um risco forte e perigoso de autoengano (como Wittgenstein disse: "Nada é tão difícil quanto evitar enganar a si mesmo"). Essas pessoas e igrejas que "ouvem Deus falar" por meio de uma passagem bíblica, e agem de acordo com o que ouviram, tendem a ser aquelas que mais claramente promovem divisões. Além disso, tanto o forte testemunho das escrituras como a experiência cristã (ou mesmo a experiência geral) é que Deus fala de maneira multiforme, inclusive por meio da própria criação (Salmos 19; Romanos 1:20; 10:18), e de forma suprema por meio da Palavra Viva, a Palavra que se tornou carne (João 1:14; Hebreus 1:1-2).

De fato, Deus fala por meio das escrituras, mas não podemos restringir o discurso divino a elas, nem mesmo ignorar o fato (que boa parte da literatura moderna destaca) de que a "fala" tem de ser refletida em termos de "*atos de* fala", ou daquilo que se realiza quando se fala, especialmente quando se diz certo tipo de coisas ("eu prometo", "eu declaro o réu inocente" etc.). Da mesma maneira, não devemos confundir a ideia da fala de Deus de um modo ou de outro com o conceito de *autoridade*. Esse conceito, especialmente quando o situamos no contexto do Reino de Deus, abrange bem mais do que isso. Trata-se do governo soberano de Deus, que domina a criação com poder para promover a justiça e a cura. É o amor poderoso de Deus em Jesus Cristo, aniquilando o pecado e dando início à nova criação. Consiste no vento refrescante, acolhedor e estimulante do Espírito Santo.

De modo especial, o papel da Bíblia na igreja e na vida pessoal do cristão indica três coisas de suma importância para nossa caminhada. Logo de início, ela nos lembra que o Deus que os cristãos adoram é, acima de tudo, um Deus que *fala*, que se comunica com suas criaturas humanas por meio de palavras. Isso diferencia o Deus do Antigo e do Novo Testamento de alguns outros deuses que eram conhecidos nas culturas daquela época, ou mesmo hoje em dia. Isso quer dizer que a ideia de ler um livro para ouvir e conhecer a Deus não é absurda, mas está relacionada com a própria natureza de Deus.

Em segundo lugar, é fundamental para o ensino cristão básico que sejamos transformados pela renovação de nossa mente (Romanos 12:1-2). Em outras palavras, é importante que a graça transformadora de Deus nos seja concedida, principalmente pela capacitação para aprender novas formas de *pensamento*. Volto a dizer que isso indica que a ideia de ler um livro a fim de reorganizar a vida conforme a sabedoria de Deus não se constitui em insensatez, mas se harmoniza perfeitamente com a própria natureza da santidade cristã.

A terceira lembrança que o papel da Bíblia nos traz é que o mesmo Deus que adoramos oferece esse mesmo poder que conquista o mundo e que se manifesta na ressurreição de Jesus a todos aqueles que o pedirem, a fim de capacitá-los em sua obra em prol do evangelho no mundo (Efésios 1:15-23). A ideia de ler um livro para ser estimulado para a tarefa missionária não é uma distração, mas, sim, uma consequência direta do fato de que nós, seres humanos, somos criados à imagem de Deus, e que, quando ouvimos sua palavra e obedecemos ao seu chamado, somos capazes de cumprir nossa vocação para refletir a glória do Criador no mundo, que pertence a ele.

ISRAEL E OS SÚDITOS DO REINO DE DEUS

Para que possamos contextualizar o estudo do capítulo anterior, precisamos fazer uma pausa e refletir sobre o significado do Reino de Deus, e depois considerar qual é o papel das escrituras dentro dele.

DECLARANDO A VITÓRIA DE DEUS SOBRE O MAL

A questão sobre o reino ou a realeza de Deus é levantada, no Antigo Testamento e no judaísmo posterior, com relação à presença do mal radical dentro da criação boa e dentro do próprio povo da aliança. Como Deus pode ser Rei, se as coisas são assim? Portanto, a declaração da presença de Deus e do Reino futuro implica a declaração de que Deus tomará as devidas providências para lidar com o problema, resgatar seu povo e cumprir seu propósito para toda a criação.

Esses dois últimos propósitos (resgatar seu povo e completar a criação) estão profundamente interligados, como se percebe em centenas de passagens do Gênesis ao Apocalipse. A vocação de Israel da parte de Deus para ser seu povo, para viver sob seu governo, foi planejada para ser o gesto principal no sentido de colocar o mundo em ordem. Entretanto, o próprio Israel se tornou parte do problema (já que era constituído por seres humanos pecadores). Isso criou um problema de segunda ordem, que reflete o primeiro, como demonstra o paralelo entre o exílio babilônico e a expulsão do jardim do Éden. Nos dois casos (na humanidade em geral e em Israel em particular), é a idolatria, a adoração de algo que não seja o Deus criador, que é identificada como a maldade principal. A idolatria gera todo tipo de condições de vida sub-humanas, dentro e fora de Israel. Isso gera o problema duplo que determina boa parte do Antigo Testamento e o pensamento, a oração e a literatura judaicas: como acontecerá o resgate de Israel, e como o mundo será restaurado?

Se o problema do mal não existisse, não haveria necessidade de falar, orar ou invocar tendo em vista a autoridade ou o Reino de Deus, que se manifestaria como uma realidade presente. Logo, falar sobre o Reino de Deus consiste em invocar a Deus como o soberano que tem o direito, o dever e o poder de lidar com o mal de forma adequada no mundo e no interior do ser humano, e, a partir daí, recriar tanto o mundo como Israel e o homem. Esse propósito vivo, gracioso e perdoador, que aponta para a nova criação, é realizado pela renovação da aliança. A esta altura, já podemos reforçar nossa pergunta: qual foi ou qual é o papel das escrituras dentro desse propósito divino? Já que é assim que a "autoridade de Deus" se manifesta, qual é a participação das escrituras autoritativas nesse contexto?

Quando se dá a devida atenção às diferenças extraordinárias de gênero literário e de destaques dentro da Bíblia, é possível propor que as escrituras sagradas de Israel constituíam o espaço e o meio pelo qual em vários momentos esse povo redescobria quem era o Deus verdadeiro, e como esses propósitos do Reino estavam sendo implementados. A leitura pública das escrituras era o ponto alto da adoração, especialmente com o propósito de se preparar para os gestos que revelam o Reino de Deus, a fim de despertar uma atmosfera de louvor e de esperança. Elas não se limitam a *refletir* a experiência, a consciência religiosa, as crises sociais e culturais ou os demais aspectos da história do povo de Deus, embora seja óbvio que também cumpriram essa função. Portanto, volto a insistir que a função principal da Bíblia é comunicar uma palavra viva e profética *a* Israel em meio à sua "experiência" por vezes ambígua, impactando o próprio mundo confuso e equivocado de Israel — fazendo, na verdade, o mesmo que o próprio Deus faz ao intervir no mundo, e na vida de Israel, com juízo e misericórdia. Ainda que possamos observar isso de forma mais clara nos livros proféticos (principalmente nas passagens autobiográficas em que se evidenciam o chamado do profeta e seu conflito com a Palavra de Deus), uma definição mais completa sobre o papel das escrituras na vida de Israel surge mais em função da eleição divina de Israel em favor do mundo. Por meio das escrituras, Deus estava capacitando seu povo a cumprir seus propósitos.

Para ser sincero, não acho que a palavra "capacitação" seja a forma mais adequada de resumir as várias tarefas que as escrituras desempenharam. Por meio delas, Israel recebia a organização em sua vida nacional, um culto estruturado, a sabedoria para conduzir o cotidiano, várias repreensões e promessas por meio dos profetas e, não menos importante, muitas canções para conduzir o povo em meio a todos os seus estados de ânimo e em todos os momentos para a presença de Deus, em forma de louvor, lamento, adoração, perplexidade, aflição, esperança e compromisso. Cabe nesse contexto observar que essa é apenas uma amostra de seus conteúdos mais óbvios.

INSPIRAÇÃO E "A PALAVRA DE YHWH"

É nesse ponto que entra a palavra "inspiração", que é uma forma abreviada de falar sobre a crença de que Deus orientou por seu Espírito os inúmeros escritores e editores, de modo que os livros que eles produziram acabaram sendo os livros que Deus queria que seu povo possuísse. Apesar de esse não ser o assunto deste livro, devemos observar que há uma espécie de inspiração divina das escrituras que foi ignorada na maior parte das próprias escrituras israelitas antigas, bem como nas crenças dos cristãos primitivos. O surgimento de um "cânon" das escrituras, embora se tenha constituído em um ponto controvertido em alguns aspectos dos debates atuais, tinha como intuito uma tentativa de resgate do modo pelo qual esses livros passaram a ser essenciais para a formação da vida do povo de Deus, a fim de honrar o fato de que Deus as tinha concedido de algum modo ao seu povo, e para lembrar Israel de que deveria honrá-los e dar-lhes a atenção devida. Além disso, temos conhecimento, por meio dessa lista e do seu processo de formação, do conceito complexo, mas ao mesmo tempo poderoso, da "Palavra" de Deus, não como sinônimo das escrituras, mas como uma misteriosa presença pessoal que cria, governa, cura e renova.

"Mediante a palavra do SENHOR foram feitos os céus, e os corpos celestes, pelo sopro de sua boca" (Salmos 33:6); "Não é a minha palavra como o fogo... e como um martelo que despedaça a rocha?" (Jeremias 23:29); "A relva murcha, e as flores caem, mas a palavra de nosso Deus permanece para sempre" (Isaías 40:8); "Assim como a chuva e a neve descem dos céus e não voltam para ele sem regarem a terra... assim também ocorre com a palavra que sai da minha boca: ela não voltará para mim vazia, mas fará o que desejo e atingirá o propósito para o qual a enviei" (Isaías 55:10-11); "A palavra está bem próxima de vocês; está em sua boca e em seu coração; por isso vocês poderão obedecer a ela" (Deuteronômio 30:14).

Essa visão da "palavra" de YHWH no Antigo Testamento é bem instrutiva. De certo modo, é como se "a palavra de YHWH fosse um reservatório gigantesco, cheio da sabedoria criativa e do poder divino, ao qual os profetas e os outros escritores recorrem pela vocação e pela graça de Deus, para que sua mensagem possa fluir por seu intermédio a fim de promover sua obra de inspirar ou renovar seu povo. Alternativamente, em outras palavras, o Deus criador, apesar de ser totalmente transcendente e diferente do mundo que ele criou, permanece presente e ativo dentro desse mundo, e uma das várias maneiras pelas quais ele atua é por intermédio de sua palavra viva e ativa. Isso, por um lado, reflete a própria natureza de Deus, porque é algo natural e normal para Deus falar, não consistindo em uma espécie de projeção antropomórfica sobre uma tela em branco deísta. Por outro lado, isso reflete o fato de que, dentro do mundo de Deus, uma das coisas mais poderosas que os seres humanos, que são portadores da imagem de Deus, podem fazer é falar. As palavras transformam — por meio de promessas, instruções, pedidos de perdão, avisos, declarações de amor ou de oposição implacável ao mal. O conceito de "atos de fala", ao qual nos referimos anteriormente, é relativamente novo na filosofia, porém não causaria nenhuma surpresa aos profetas israelitas antigos. Como Walter Brueggemann afirma em seu livro *Teologia do Antigo Testamento: testemunho, disputa e defesa* (Ed. Paulus, 2014), ao fazer a exposição de Salmos 33:6: "A linguagem é de um soberano poderoso que profere uma sentença diretamente do trono, publica um decreto, e tudo acontece no momento de sua declaração".

ISRAEL: O POVO QUE OUVIA AS ESCRITURAS

Logo, de certo ponto de vista, Israel era constituído de um povo que ouvia a palavra de Deus — com relação ao chamado, à libertação, à orientação, ao juízo, ao perdão, ao juízo posterior, à nova libertação e à promessa renovada. (Essa sequência é uma proposta de resumo de toda a narrativa do Antigo Testamento, desde Abraão até o período "pós-exílico".) É isso que eu quero dizer ao negar que as escrituras possam ser reduzidas à noção de "registro da revelação", no sentido de um gesto simples de escrever a "experiência religiosa" primitiva e supostamente anterior. Pensar dessa maneira seria sobrepor categorias completamente alheias aos autores, editores e ouvintes do Antigo Testamento. Não há como reduzir o "assim diz YHWH" a algo como "assim diz Jeremias" sem forçar nossa própria estrutura sobre o texto e suas experiências. Já passamos tempo demais presos a filósofos como Feuerbach, que queria reduzir toda a fala de Deus à fala dos homens e de suas experiências.

Além disso, o propósito das escrituras nunca foi transmitir informações para que as pessoas se lembrem de alguma experiência religiosa anterior. Mesmo quando os escritores bíblicos estavam contando a história de Israel, isso nunca foi feito simplesmente para relatar fatos. Essa narrativa era feita para reforçar o sentimento de que Israel era o povo chamado por YHWH para cumprir seus propósitos no mundo, para que o registro escrito e a proclamação da história produzissem a concretização posterior do chamado e da promessa de YHWH. Portanto, ela foi escrita para moldar e orientar a vida do povo de Deus. Os conflitos internos e os enigmas do Antigo Testamento — podemos citar, por exemplo, o que aparentemente acontece entre Deuteronômio e Jó: um deles sugere que a virtude é recompensada nesta vida, enquanto o outro contesta isso com veemência — reflete os enfoques existentes para essa tarefa, e como é complexo reconhecer que Israel se constitui *tanto* no portador da promessa da cura de Deus para o mundo *como* no próprio povo, que pertence ao mundo e que passa pelo mesmo tipo de juízo e cura.

Minha constatação sincera é que nossa palavra "autoridade" é limitada para fazer justiça a tudo isso. Para tentar resumir o papel que as escrituras desempenharam dentro de Israel, teríamos de dizer algo do tipo: "A atividade soberana de Deus em Israel, por meio de Israel, em prol de Israel e por meio de sua palavra falada e escrita" ou, em palavras mais simples, "A soberania de Deus operando por meio das escrituras". "Deus falou, e isso se fez." A própria palavra, como está escrito em Isaías 40:8; 55:1, transmitia poder e levava a uma vida nova.

AS ESCRITURAS NO JUDAÍSMO DO SEGUNDO TEMPLO

No período do Segundo Templo (aproximadamente nos últimos quatro séculos antes de Cristo), observamos a "autoridade" das escrituras agindo pelo menos de duas maneiras que se relacionam entre si:

1. Ela formulou a *narrativa* dominante, segundo a qual Israel lutou para encontrar sua identidade e destino como povo da aliança por meio do qual e em prol do qual a justiça de Deus por fim prevalecerá sobre o mundo. Essa narrativa era alvo de questionamentos no mundo antigo, quando grupos diferentes

apresentavam versões alternativas. Essa é a constatação dos estudiosos de nosso tempo. Alguns escritores expressaram sua dificuldade de resumir as narrativas dispersas e desajeitadas em uma linha do tempo definida. Isso não significa que não seja possível achar esboços amplos de uma narrativa abrangente dentro das escrituras judaicas, e que os problemas observados não impeçam que as escrituras funcionem exatamente dessa forma no judaísmo da época de Jesus.

2. Ela formulou o chamado para a *obediência* no cotidiano (interpretada, por exemplo, pela exposição da Torá feita pelos primeiros rabinos, ou pelas decisões regulamentares primitivas que encontramos em alguns textos de Cunrã) por meio do qual Israel podia responder ao chamado de Deus de forma adequada. Desse modo, Israel estaria demonstrando a existência verdadeiramente humana que Deus planejou para o mundo inteiro que se submete às escrituras como narrativa dominante e guia para a vida diária. Essas escrituras — que eram lidas, estudadas, ensinadas, utilizadas nas orações e cantadas no templo, nas primeiras sinagogas e na comunidade de Cunrã, todo dia, toda semana e nas grandes festas e jejuns solenes — passaram a ser o fator determinante da formação de Israel como o povo que aguardava ansiosamente a vinda do Reino. A multiplicidade e a variedade do judaísmo da época de Jesus podem ser analisadas como formas diferentes de entender e de tentar se submeter às escrituras, e assim trabalhar, orar e esperar que Deus leve a narrativa em que eles vivem à sua devida conclusão.

AS ESCRITURAS E JESUS

"Quando chegou a plenitude do tempo, Deus enviou seu Filho..." (Gálatas 4:4). Segundo as escrituras, a perspectiva adequada para entender Jesus é em seu contexto histórico.

JESUS ALCANÇOU AQUILO QUE AS ESCRITURAS HAVIAM INDICADO

O entendimento da proclamação, do triunfo, da morte e da ressurreição de Jesus com base nas informações históricas disponíveis sugere que a essência de sua obra reside no sentido de conduzir a *narrativa* das escrituras ao seu auge, oferecendo, assim, a Deus a *obediência* por meio da qual o Reino seria alcançado. Como ele mesmo declarou: "O tempo é chegado; o reino de Deus está próximo". Com certeza, existe muita coisa a ser dita sobre Jesus de modo específico, e, dentro dessa análise, sobre sua relação com as escrituras de Israel. Já escrevi sobre isso de forma profunda em outras obras, mas, para alcançarmos nossos propósitos, basta destacar no momento alguns pequenos princípios que são de suma importância. (Veja, por exemplo, *Jesus and the Victory of God* [Jesus e a vitória de Deus], SPCK, 1996; *The Challenge of Jesus* [O desafio de Jesus], Inter-Varsity Press, 1999.)

Por boas razões históricas, não posso concordar com quem vem sugerindo (principalmente alguns membros do "Seminário Jesus") aproximadamente nesta última década que Jesus era praticamente ou totalmente iletrado, com pouco interesse ou conhecimento das escrituras de Israel. Isso é inventar um Jesus imaginário, alheio à mentalidade judaica. Em vez disso, de acordo com a maior parte dos estudos acadêmicos contemporâneos sobre os propósitos e as motivações de Cristo, afirmo nos livros que acabei de mencionar que Jesus acreditava ter sido chamado para sua missão, que é destacada de várias maneiras pelas escrituras de Israel, por meio das quais os propósitos de Deus seriam finalmente concretizados em longo prazo. Como afirma Telford Work (p. 12): "A prática judaica bíblica é, de fato, *constitutiva* do Jesus humano". Na prática, isso significa que em Jesus, e por meio dele, o mal é confrontado e julgado, surgindo o perdão e a renovação. A aliança é renovada, inaugurando uma nova criação. Jesus realiza a mesma obra que Deus fez por meio das escrituras no Antigo Testamento em sua carreira pública, em sua morte e ressurreição, e ao enviar o Espírito Santo.

Desse modo, Jesus realiza, de forma culminante e decisiva, o que as escrituras tentavam realizar em certo sentido: proporcionar a nova ordem do Reino de Deus para o seu povo e, a partir dele, para o mundo. Ele é, em vários sentidos e nesse em específico, a Palavra que se tornou carne. Tudo o que ele era e é, e tudo o que ele realizou, deve ser entendido de acordo com o que as escrituras dizem. Ele era, em si mesmo, o "Israel verdadeiro", formado pelas escrituras, dando nascimento ao Reino. Quando ele falou das escrituras sendo cumpridas (e.g., Marcos 14:49), não estava simplesmente encarando a si mesmo como praticando algumas obras isoladas e casuais que correspondiam a várias declarações distantes e estranhas dos profetas; ele estava pensando em toda a narrativa que finalmente estava sendo cumprida, e em toda uma infinidade de indícios e sombras que estavam sendo completamente esclarecidos. Esse é o sentido profundo que prefiro adotar para declarações como

Mateus 5:17-18, em que Jesus insiste que não veio para abolir a lei, mas para cumpri-la.

Portanto, como a igreja primitiva logo veio a reconhecer, Jesus era a personificação viva do Deus de Israel, o mesmo Deus cujo Espírito tinha inspirado as escrituras no princípio. Da mesma forma que Jesus entendeu sua própria vocação e identidade por meio das escrituras, a igreja primitiva rapidamente aprendeu também a interpretá-las de uma nova maneira: ela passou a ler o Antigo Testamento, em sua narrativa (inclusive as alianças, promessas, os avisos etc.) e seus mandamentos de acordo com o que haviam descoberto em Jesus. Isso é proposto de forma programática no capítulo 24 de Lucas, em que os dois discípulos no caminho de Emaús ouvem uma longa exposição acerca de "Moisés, dos profetas e de todas as escrituras", e o Jesus ressuscitado abre a mente dos discípulos para que entendam o sentido delas durante todo esse tempo (Lucas 24:27, 44-45). Porém, o mesmo princípio está presente em todas as narrativas dos evangelhos de forma clara ou implícita.

JESUS INSISTE NA AUTORIDADE DAS ESCRITURAS

A base de muitos argumentos tradicionais em defesa da autoridade das escrituras tem sido as declarações específicas de Jesus que destacam que ele mesmo considerava a Bíblia autoritativa e criticava seus rivais por não fazerem o mesmo. Entre essas passagens óbvias, lemos a repreensão extraordinária aos saduceus por não conhecerem nem a Bíblia nem o poder de Deus (Mateus 22:29 e passagens paralelas); seu ataque aos escribas e fariseus por terem invalidado a palavra de Deus por causa de suas tradições (Mateus 15:6-9, citando Isaías com essa mesma intenção); e o argumento mais enigmático, baseado em Salmos 82: como esse texto chama os israelitas antigos de "deuses", por que, então, aquele que Deus enviou ao mundo não pode ser chamado de filho de Deus, ao que ele dá respaldo com o lembrete de que "a Bíblia não pode ser refutada" (João 10:35)? Partindo do princípio de que todas elas são pontuais — ou seja, não se narra que Jesus fez da autoridade das escrituras um dos temas principais em seu ensino —, elas não deixam de ser importantes, revelando uma atitude subjacente que, da mesma forma que as premissas, só se esclarece quando é questionada de forma implícita.

Essa atitude se encaixa bem na questão anterior sobre a intenção deliberada que Jesus tinha de levar as escrituras ao seu cumprimento final. Na verdade, essas declarações específicas sobre a autoridade bíblica somente funcionam nesse contexto. Fora dele, continuaríamos confusos: como Jesus, na mesma passagem em que ele insiste na prioridade das escrituras sobre as tradições humanas, pode declarar que todos os alimentos são limpos (Marcos 7; a própria observação de Marcos no versículo 19 destaca essa questão)? Se ele está insistindo que não são somente os atos de assassinato, roubo e adultério que são proibidos por Deus, mas também a persistência de intenções com relação a esses atos, o que pode justificar sua atitude aparentemente arrogante em relação ao sábado? Se é preciso obedecer ao mandamento de honrar pai e mãe, por que Jesus não somente ignorou sua mãe e seus irmãos em favor de seus seguidores (Marcos 3:31-35), como também avisou a seus seguidores que devem preparar-se para odiar pai, mãe e praticamente todas as outras pessoas (Lucas 14:26)? Se as escrituras indicavam a exaltação de Israel e a integração posterior das nações, por que Jesus disse que, quando as pessoas viessem do Oriente e do Ocidente para se sentar com Abraão no Reino de Deus, "os súditos do reino" seriam lançados fora (Mateus 8:11-12)?

Quando utilizamos o argumento comum, que vê "a Bíblia" de forma dicotômica, quase de forma inflexível, fica difícil perceber o que se passa. Entretanto, quando se coloca Jesus no contexto narrativo maior, e se entende o sentido do que exatamente a nova aliança trata, e como cumpriria e transformaria a antiga (uma tarefa que vai muito além do tema deste livro), descobrimos um senso de realização bem mais profundo e bem mais expositivo, que gera a visão das escrituras que observamos na igreja primitiva.

A "PALAVRA DE DEUS" NA IGREJA APOSTÓLICA

Na igreja primitiva, a "palavra" trouxe tanto o cumprimento das promessas do Antigo Testamento como o chamado a aceitar a autoridade e o poder do Espírito Santo, o qual transforma a vida.

A PREGAÇÃO APOSTÓLICA DA "PALAVRA": A NARRATIVA DE JESUS COMO AQUELE QUE CUMPRE A NARRATIVA DAS ESCRITURAS (DO ANTIGO TESTAMENTO)

A pregação apostólica primitiva não era uma mensagem judaica padrão com o nome de Jesus acrescentado no fim, muito menos uma proclamação independente de uma nova religião desvinculada de suas raízes judaicas, mas, sim, uma narrativa de Jesus *entendida como* o cumprimento da narrativa da aliança do Antigo Testamento, portanto, como o *euangelion*, as boas-novas, ou o "evangelho" — a força criativa que implantava a igreja e moldava sua missão e sua vida. Foi essa narrativa bíblica, sem fazer uso de nenhuma outra (seja do império humano, por exemplo, seja da autodescoberta espiritual do indivíduo) que trouxe a matriz interpretativa dentro da qual a conquista de Jesus recebeu seu significado. Os gêneros complexos e variados do Antigo Testamento, ao estabelecer a vida e o pensamento de Israel, haviam levantado em termos teóricos e práticos as questões do bem e do mal, de Israel e das nações, do império e da resistência e, acima de tudo, da soberania, da justiça e dos propósitos salvíficos do Deus criador, o Deus da aliança. Foi a essas questões, levantadas nesse modo escriturístico, que o movimento do Reino liderado por Jesus, tendo como auge sua morte e ressurreição, trouxe a resposta concedida por Deus.

Quando Paulo afirma, citando um resumo anterior amplamente usado da mensagem cristã: "O Messias morreu pelos nossos pecados de acordo com as escrituras... e ressuscitou ao terceiro dia, segundo as escrituras" (1Coríntios 15:3-4), não quer dizer que ele e seus amigos podem encontrar uma ou duas referências da Bíblia para provar suas afirmações, mas que esses acontecimentos se deram no auge da narrativa longa e radical das escrituras de Israel. "A autoridade do Antigo Testamento" na igreja primitiva dava a entender basicamente que o que Deus tinha feito por meio de Jesus Cristo deveria ser visto em termos de um personagem dentro de uma narrativa em especial, o retrato de uma paisagem específica, em que tudo nessa narrativa ou nessa paisagem nos indica um aspecto principal desse protagonista e do que ele conquistou.

A tradição oral mais antiga que podemos identificar e as pregações mais antigas que podemos reconstruir integram o que Paulo chamava de "a palavra", "a palavra da verdade", ou simplesmente "o evangelho" (por exemplo, Colossenses 1:5; 1Tessalonicenses 2:13). Logo, antes que houvesse um "Novo Testamento", já havia um entendimento claro no cristianismo primitivo de que "a palavra de Deus", que os apóstolos se comprometiam a proclamar quando se recusavam a se envolver em outros deveres administrativos (Atos 6:1-4), encontra-se no centro da missão e da vida da igreja. Não é difícil resumir essa "palavra". Trata-se da narrativa de Jesus (especialmente de sua morte e ressurreição), retratada como o auge da narrativa de Deus e de Israel, oferecendo, desse modo, a verdadeira narrativa do mundo, do alicerce e da força que impulsiona a missão da igreja. É exatamente essa missão, que é vista exatamente dessa maneira (que reconheço ser bem complexa), que encontramos nos quatro "evangelhos" canônicos, e em pelo menos algumas fontes que podem ser identificadas nos bastidores de sua composição. Esse último argumento é controverso nos estudos acadêmicos recentes, mas acredito que conta com fundamentos razoáveis.

O PODER DA "PALAVRA" PARA TRANSFORMAR A VIDA DAS PESSOAS: O CHAMADO E A FORMAÇÃO DA IGREJA EMERGENTE

Paulo expressou o que todos os apóstolos descobriram: essa releitura da narrativa antiga com seu clímax em Jesus transmitia *poder* — poder para transformar a mente, o coração e a vida. "O evangelho é o poder de Deus para salvação" (Romanos 1:16; compare com 1Tessalonicenses 1:5; 2:13). A "palavra" não "se oferece" de um modo inflexível, como se os arautos de César dissessem: "Se você quiser ter um novo tipo de experiência imperial, quem sabe você queira tentar jurar fidelidade ao novo imperador". A palavra era anunciada como um chamado soberano e proporcionava uma nova situação, novas possibilidades e um novo poder que transforma a vida. Os apóstolos e os evangelistas criam que o poder liberado por essa pregação vinha do próprio Deus, operado pelo Espírito Santo, que havia sido derramado de modo renovador, possibilitando o surgimento de um novo povo da aliança, o Israel restaurado que abençoaria o mundo. A "palavra" não consistia simplesmente em *informações* sobre o Reino e seus efeitos, mesmo considerando quanto elas eram e são importantes; ela consistia no meio pelo qual o Reino de Deus, concretizado por Jesus, estava conquistando seu espaço no mundo (que é mencionado frequentemente dessa maneira em Atos — e.g., 6:7). Lembremos que o Reino sempre era retratado como a ação soberana de Deus para colocar o mundo em ordem, julgando o mal e trazendo perdão e uma vida nova. Era isso que a palavra realizava naqueles que a ouviam com fé e obediência.

Estas são as raízes de uma teologia da autoridade da Bíblia totalmente cristã: plantada firmemente no solo da comunidade missionária, confrontadora dos poderes do mundo com as boas-novas do Reino de Deus, renovada e revigorada pelo Espírito Santo, crescendo especialmente por meio da pregação e do ensino dos apóstolos, e dando fruto pela transformação de pessoas para dar início ao projeto divino de resgate do mundo. Deus realiza essas coisas, assim acreditava a igreja primitiva, por meio da "palavra": a narrativa de Israel, cujo auge narrativo se dava em Jesus; o chamado de Deus para Israel transformado no chamado de Deus para seu povo renovado. Essa foi a "palavra" que veio a ser expressa de forma escrita no Novo Testamento que conhecemos, por obra dos escritores primitivos.

Portanto, a igreja foi caracterizada desde o princípio precisamente como o povo transformado por Deus, ou a comunidade criada pelo chamado e pela promessa divinos, cuja convocação era para ouvir a "palavra" do evangelho em toda a sua plenitude. A igreja primitiva era basicamente constituída como o povo gerado e preservado pela palavra de Deus poderosa e eficaz (que, além disso, em muitos sentidos é "autoridade"), escrita no Antigo Testamento, personificada em Jesus Cristo, anunciada em todo o mundo e ensinada na igreja. Esse era o núcleo da missão da igreja (a narrativa de Israel se cumpriu, portanto o mundo deveria ouvir falar dela), de seu cotidiano (a primeira "marca da igreja" em Atos 2:42 é "o ensino dos apóstolos") e de seu chamado à santidade, que se traduziria tanto no Israel verdadeiro como nas dimensões humanas recentemente renovadas ("conforme a imagem de Deus"), que são características da nova identidade. Alguns dos principais debates na igreja primitiva consistiam exatamente naquilo que essa santidade queria dizer na prática.

A "PALAVRA" COMO VEÍCULO DA AUTORIDADE DO ESPÍRITO: FORTALECENDO, MOLDANDO E ORIENTANDO A IGREJA

Pelo menos um dos verdadeiros apóstolos (Paulo) e alguns de seus colegas e sucessores imediatos escreveram livros que tiveram

A "PALAVRA DE DEUS" NA IGREJA APOSTÓLICA

o intuito de continuar essa obra em uma escala maior. O estudo recente das cartas e da intenção dos escritores dos evangelhos destaca a maneira consciente segundo a qual seus autores acreditavam ser chamados para exercer sua vocação como mestres "autorizados", pela orientação e pelo poder do Espírito Santo, escrevendo livros e cartas para manter, fortalecer, moldar, administrar e renovar a igreja. Os escritos apostólicos, como a "palavra" que estavam registrando em sua forma escrita, não versavam somente *sobre* a vinda do Reino de Deus ao mundo; eles eram, e foram separados para ser, parte do *processo pelo qual o Reino de Deus se torna realidade*, e o meio pelo qual aqueles para quem esse reino surgiu poderiam ser eles mesmos transformados à semelhança de Cristo.

Aqueles que leram esses escritos descobriram, desde muito cedo, que os próprios livros eram revestidos do mesmo poder, da mesma *autoridade em ação* que havia caracterizado a pregação primitiva da "palavra". Costumava-se dizer que os escritores do Novo Testamento não achavam que estivessem escrevendo "as escrituras". Isso é difícil de se sustentar historicamente nos dias de hoje. O fato de que seus escritos foram, em vários sentidos, "casuais" (tendo como exemplo mais claro as cartas de Paulo, que eram escritas para lidar com emergências repentinas) não define seu caráter principal. É exatamente nesses pontos de suprema necessidade (quando, por exemplo, estava escrevendo Gálatas ou 2Coríntios) que Paulo está mais consciente de que estava escrevendo como alguém investido de autoridade, pelo chamado apostólico que havia recebido de Jesus Cristo, e no poder do Espírito Santo, para renovar e ordenar a igreja por meio de suas palavras. Quanto mais uma pessoa que começa um livro com as palavras simples que causaram impacto no mundo: "No princípio era a Palavra... e a Palavra se tornou carne", e termina dizendo aos seus leitores que "...esses estão registrados aqui para que vocês creiam que o Messias, o filho de Deus, não é outro senão Jesus, e crendo, tenham vida em seu nome" (João 1:1,14; 20:31).

Com certeza, isso não quer dizer que os escritores do Novo Testamento imaginassem de forma específica uma época em que seus livros fariam parte de uma coleção e assumiriam a forma daquilo que conhecemos hoje em dia como cânon. Duvido muito que essa ideia tenha passado pela mente deles, mas creio que tinham consciência de que sua vocação especial de escrever livros moldados por Jesus e orientados pelo Espírito Santo fazia parte de seu chamado misterioso na primeira geração de cristãos.

O CÂNON DO NOVO TESTAMENTO: DIVERSIDADE RICA OU CONTRADITÓRIA?

Obviamente, isso também não dá a entender que todos os escritores cristãos primitivos dissessem exatamente a mesma coisa. Poucos na atualidade negam a rica diversidade da obra deles. Pelo contrário, como veremos, muitas acusações que vão além da simples diversidade, chegando até mesmo a uma completa contradição, não surgem do estudo histórico propriamente dito, mas advêm da imposição de textos de categorias de um pensamento ocidental bem posterior (dos séculos 16 ou 17, por exemplo). Podemos citar a acusação de que um livro que ensina "justificação pela fé" não pode ensinar também o "juízo final de acordo com as obras", isso sem falar daquilo que atualmente chamamos de "visão elevada da igreja"; ou como a proclamação de Jesus como "Messias" (uma categoria judaica) de certo modo entra em conflito com o anúncio de que ele é o "Senhor" (supostamente uma categoria gentílica). Algumas críticas levaram muitas pessoas nos últimos duzentos anos a conclusões precipitadas sobre supostas contradições no Novo Testamento; mas o simples fato de alguns teólogos ocidentais não conseguirem enxergar como algumas categorias se encaixam de forma coerente não quer dizer que essas categorias não se encaixassem no primeiro século. Boa parte dos problemas aparentes na coerência e na complementariedade dos livros do cânon é parecida com esse. Aqueles problemas que permanecem devem ser vistos mais como um desafio para um pensamento mais profundo do que como um abalo na proclamação coerente do Novo Testamento (veja os capítulos 4 e 5).

A LEITURA CRISTÃ PRIMITIVA DO ANTIGO TESTAMENTO: O NOVO POVO DA ALIANÇA E SEU LUGAR NA NARRATIVA VIGENTE

Falando de forma específica, precisamente por causa do que os cristãos primitivos criam sobre a narrativa de Israel se cumprindo em Jesus Cristo, eles criaram uma leitura do Antigo Testamento *cheia de camadas e nuances, que tem uma base teológica*. Eles acreditavam firmemente que o Antigo Testamento era, e continuava a ser, o livro que Deus havia concedido a seu povo — o povo da aliança que tinha encabeçado os propósitos de Deus para o mundo e de onde o Messias, Jesus, veio. No entanto, desde o princípio, eles passaram a ler as escrituras antigas de uma nova maneira. Esse modo totalmente novo os levou à conclusão de que algumas dessas passagens das escrituras não eram mais relevantes para sua vida cotidiana, e não porque fossem ruins, nem porque não tivessem sido concedidas por Deus, ou mesmo que não fossem inspiradas o bastante, mas *porque pertenciam à parte inicial da narrativa que, então, tinha chegado ao seu auge*.

Essa é a descoberta principal que nos capacita a entender como os cristãos primitivos entendiam o Antigo Testamento e como os escritores do Novo Testamento faziam uso dele. Ouvem-se repetidas acusações de que os escritores do Novo Testamento (e os que vieram antes deles no ensino e na tradição oral) tratavam o Antigo Testamento como um quarto de despejo no qual eles podiam pegar o que quisessem e deixar o que não era conveniente. Esse argumento vem sendo usado repetidamente nas últimas décadas para dizer que nós podemos e devemos tratar até o Novo Testamento dessa maneira (imagine como seria com o Antigo Testamento!).

Na condição de povo renovado, Israel havia acabado de ser transformado por meio de Jesus e do Espírito Santo em um povo multiétnico sem base geográfica, povo encarregado de uma missão para o mundo todo. Por si mesmos, os cristãos primitivos resolveram, de uma forma adequada e em nenhum momento arbitrária, a questão da continuidade e da descontinuidade entre o Antigo Testamento e o Novo Testamento. (Falando nisso, esse princípio nada tem a ver com as especulações e as periodizações do "dispensacionalismo".) Isso precisa ser explicado em mais detalhes.

CONTINUIDADE E DESCONTINUIDADE NO USO QUE A IGREJA PRIMITIVA FEZ DAS ESCRITURAS

Os cristãos primitivos foram forçados rapidamente a refletir sobre a questão da continuidade e da descontinuidade. O debate primitivo sobre a admissão dos não judeus no povo de Deus (precisariam ser circuncidados? Deveriam obedecer às leis dietéticas judaicas e às regras sobre o sábado?) precipitou uma discussão detalhada. Paulo a explicita em Gálatas 2–3, ao escrever sobre a maneira pela qual, em virtude de Deus estar cumprindo as promessas da aliança a Abraão de criar uma família multiétnica, esses regulamentos na lei mosaica, que distinguiam claramente os judeus de seus vizinhos gentios, deviam, naquele momento, ser deixados de lado, e não porque fossem ruins, ou não tivessem sido dados por Deus, mas porque tinham sido concedidos com um propósito temporário que se havia cumprido. O mesmo padrão se repete em muitos casos. A inauguração da nova aliança em Jesus pelo Espírito Santo indicava que os cristãos tinham de refletir sobre em que sentido ela era a renovação da mesma aliança, e em que sentido ele era realmente "nova" com a conotação de "diferente". O próprio Paulo resume esse conflito hermenêutico que a renovação da aliança havia criado: a lei de Deus é revelada "à parte da Lei", embora "a Lei e os Profetas lhe tenham servido de testemunha" (Romanos 3:21).

Isso proporciona um modelo que nos ajuda a acompanhar a continuidade e a descontinuidade que os cristãos primitivos viam entre a sua época e os tempos de Israel antes de Cristo. Por exemplo, percebe-se a continuidade na insistência cristã primitiva em ver o mundo como a boa criação de Deus, na tarefa e na promessa soberanas de Deus de lidar com o problema do mal, na aliança com Abraão como a estrutura pela qual Deus cumpriria esse propósito universal, no chamado à santidade e para a humanidade verdadeira e renovada que prevalece sobre o mundo desumanizado pela idolatria pagã e pela imoralidade (embora, com certeza, muitas pessoas no primeiro século vissem que a "santidade" tinha como requisito a obediência à lei judaica, momento no qual se decidiu descartar isso, colocando-a como item de descontinuidade).

Os exemplos óbvios de descontinuidade estão em toda parte. As leis antigas de pureza judaica não eram mais vistas como algo que tinha alguma importância por uma comunidade na qual os gentios eram recebidos em pé de igualdade (Marcos 7; Atos 15; Gálatas 2). O templo de Jerusalém e os sacrifícios nele realizados deixam de ser o ponto focal do encontro de Deus com seu povo (Marcos 12:28-34; Atos 7; Romanos 12:1-2; Hebreus 8-10); de fato, não há templo na Nova Jerusalém (Apocalipse 21-22, algo bem surpreendente porque essa passagem se baseia no auge da profecia de Ezequiel, que é centrada no templo). O sábado deixa de ser obrigatório (Romanos 14:5-6), e, na verdade, se as pessoas insistirem em guardar essas coisas, estarão abandonando a essência do evangelho (Gálatas 4:10). Não existe mais uma terra santa: na reinterpretação de Paulo das promessas abraâmicas em Romanos 4:13, Deus não promete a Abraão somente uma faixa de terra, mas o mundo inteiro, antecipando a renovação de toda a criação referida em Romanos 8. De forma mais importante, o muro de divisão mais importante entre os judeus e os gentios foi abolido (princípio ensinado em todas as cartas de Paulo e resumido em Efésios 2:11-22). Os cristãos primitivos não chegaram a essas conclusões seguindo um processo arrogante de descartar partes do Antigo Testamento que consideravam indesejáveis, mas seguindo uma lógica profunda, desenvolvida de forma teológica e prática: todas as escrituras tinham sido resumidas em Jesus Cristo (Mateus 5:17, que, por si só, resume boa parte deste livro; Romanos 3:31; 2Coríntios 1:20) e o projeto em andamento da nova aliança e da nova criação se tinha iniciado, utilizando-se de um novo método. João resume isso em uma frase que provoca os comentaristas. Ele escreve que "a lei foi dada por intermédio de Moisés; a graça e a verdade vieram por intermédio de Jesus, o Messias" (1:17). Será que devemos entender que ele quis dizer "*mas* a graça e a verdade [...]" ou "*e* a graça e a verdade vieram por intermédio de Jesus, o Messias"? O restante do evangelho sugere que João deixou essa questão em aberto de forma proposital.

O uso cristão primitivo do Antigo Testamento reflete exatamente essa posição ambígua. Exatamente por causa do destaque da realização inigualável de Jesus Cristo, o Antigo Testamento não podia continuar a desempenhar na comunidade cristã o mesmo papel que lhe foi atribuído anteriormente. O cristianismo não *repete* os estágios anteriores da narrativa, principalmente por insistir na realização especial de Jesus, na qual se baseia e a qual celebra. Desde o início, no ministério de Jesus e na obra de Paulo, encontramos sempre a referência ao fato de que, com o cumprimento desses estágios anteriores, surge um novo momento na narrativa, um novo ato nessa peça (veja as páginas 149-155). As tramas radicais como as de Marcião (o Deus do Antigo Testamento é diferente daquele retratado no Novo Testamento) e as tramas coerentemente teológicas de alguns reformadores (uma antítese rígida entre a lei e o evangelho imposta ao significado, que, como Lutero chegou a dizer, apesar de sua noção geral de que as coisas não eram tão simples assim: "Moisés não sabe nada sobre Cristo") não fazem jus ao raciocínio cristão primitivo de continuar a viver de acordo com a *totalidade* da escritura, mesmo que de forma *multifacetada*. Muito menos, nesse aspecto, as conclusões genéricas e pragmáticas de alguns outros escritores dos séculos 16 e 17, que consideravam abolidas as leis "civis" e "cerimoniais", enquanto permanecem as leis morais, ignorando o fato de que a maioria dos judeus antigos não reconhecia essa distinção.

Não é difícil imaginar exemplos de como funcionam essa continuidade e essa descontinuidade simultâneas. Quando os viajantes navegam no vasto oceano e finalmente chegam a uma terra distante, eles deixam o navio de lado e seguem viagem por essa terra exatamente porque ambos (tanto o navio como a viagem) cumpriram seu propósito, e não porque o navio era ruim, ou porque sua viagem levara à direção errada. Nesse novo estágio terrestre de sua jornada, os viajantes continuam a ser — não se pode esquecer disso nesse exemplo — as mesmas pessoas que viajaram no navio.

Talvez a passagem do Novo Testamento que melhor exemplifique essa linha de pensamento seja uma de suas mais antigas: Gálatas 3:22-29. Nesse excerto, Paulo afirma que Deus concedeu a lei mosaica para um propósito específico que se cumpriria, razão pela qual deveria ser descartada no que diz respeito à sua tarefa de definir a comunidade; e não porque tivesse sido algo ruim, mas porque era algo bom cuja tarefa já havia sido realizada. No entanto, como toda a carta indica, o povo de Deus, renovado por Jesus e pelo Espírito Santo, nunca pode nem deve esquecer a estrada pela qual viajou.

O NOVO TESTAMENTO EM RELAÇÃO DIALÓGICA COM TODA A CULTURA HUMANA

Na época em que surgiu, o Novo Testamento era a expressão em forma escrita dessa palavra sob a qual os cristãos primitivos reconheciam estar vivendo — na verdade, *por meio da qual* eles encontram vida em toda a sua plenitude. Já se supunha, desde o início, que essa palavra tinha revolucionado, e que continuaria a revolucionar a vida, a cultura, as aspirações e as premissas do ser humano. A palavra escrita, que expressa e materializa a palavra viva do evangelho primitivo, era o agente capacitado pelo Espírito Santo, por meio do qual o único Deus criador estava resgatando o cosmos e assim oferecia o caminho de uma vida verdadeiramente humana; contudo, ela se posicionava de forma radicalmente contrária a alguns entendimentos sobre o que constituiria essa vida verdadeira. Era o caminho do cumprimento do plano de Deus para Israel, mas se posicionava contra outras interpretações que não conseguiam reconhecer Jesus como o Messias. De modo semelhante às próprias parábolas de Jesus, os escritos cristãos primitivos emergentes confirmavam e redefiniam as percepções existentes sobre quais seriam as perguntas mais importantes e quais seriam suas respostas verdadeiras.

Tudo isso indica de forma significativa que não se deve supor que qualquer parte de uma cultura, antiga ou moderna, é assimilada ou rejeitada automaticamente. Havia muita coisa no mundo judaico que era confirmada porque havia sido mantida pelo cristianismo primitivo, e muita coisa que, por boas razões teológicas, havia sido descartada. Igualmente, havia muita coisa no mundo gentio que os cristãos primitivos tinham a permissão de usar. Paulo fala sobre levar "cativo todo o pensamento à obediência de Cristo" (2Coríntios 10:5), e que ele pode supor uma identificação profunda entre as percepções que o mundo tem do "bem" e do "mal" e aquelas que a igreja cristã deve adotar (Romanos 12:9,17; Filipenses 4:8). No entanto, havia muita coisa sobre a qual a igreja se sentiu constrangida a tomar uma posição, mesmo tendo raízes profundas, ou mesmo se identificando com a cultura local. Pense na deusa Diana em Éfeso e no tumulto que Paulo enfrentou nesse lugar. A "palavra", falada e escrita, sempre convocava as pessoas a uma redenção cara e renhida e a uma renovação pela morte e a ressurreição juntamente com Cristo no batismo e na luta para viver com essa base para refletir a imagem do Deus criador. Reiteramos várias vezes que essa é a proclamação apostólica, que teve como sua expressão final os escritos do Novo Testamento, que orientaram a igreja primitiva a discernir a relação entre o contexto cultural e o caminho da humanidade nova ou renovada.

Isso nada tem a ver com a declaração de uma ética arbitrária ou "controladora", um padrão imposto de fora para dentro por uma autoridade constrangedora e ameaçadora sobre a igreja primitiva, mas se relaciona com o entendimento da renovação humana como o início, o indício ou o meio da erradicação do mal a ser realizada por Deus e do próprio surgimento da nova criação. Logo, conforme acreditavam os cristãos primitivos, a palavra de Deus estava em ação pelo Espírito dentro da comunidade, para concretizar a obra de Jesus e, assim, levar adiante esse Reino definitivo. Podemos resumir esse conceito da seguinte forma: o Novo Testamento encara a si mesmo como a escritura da nova aliança, o livro que forma a base para a nova narrativa segundo a qual os cristãos são formados, reformados e transformados, de modo a se constituírem no povo de Deus para o mundo que pertence a ele. Esse é o desafio que os cristãos primitivos nos propõem quando refletimos sobre o possível significado da "autoridade das escrituras" na prática, nos dias de hoje.

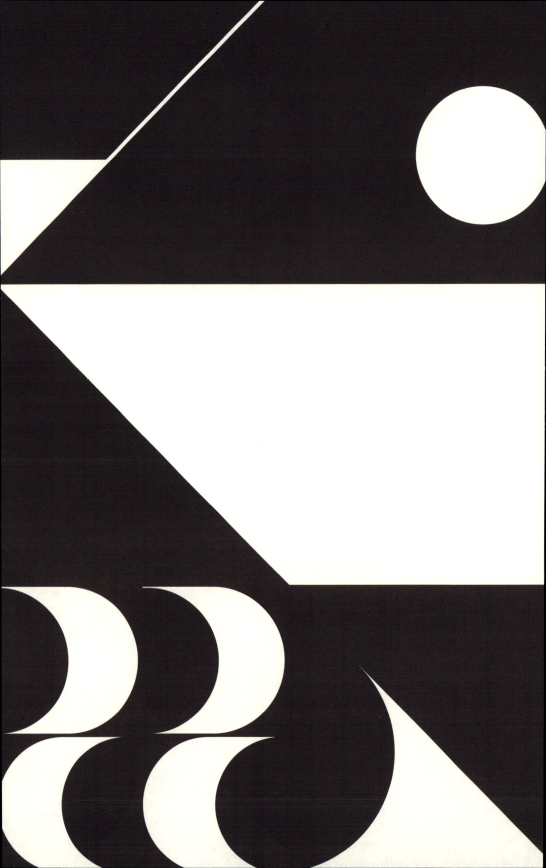

OS PRIMEIROS
16 SÉCULOS

A PARTIR DE AGORA, PASSAMOS a contar o resumo de uma narrativa bem longa e complicada — a história de como a igreja conviveu com as escrituras por 1600 anos — em um relato muito breve, destacando somente as coisas que parecem ser extremamente importantes para nosso estudo atual.

A ABORDAGEM DOS PRIMEIROS QUESTIONAMENTOS DAS ESCRITURAS COM BASE NA PRÓPRIA BÍBLIA, NA TRADIÇÃO PRIMITIVA E NA BOA EXEGESE

O cristianismo dos séculos 2 e 3 cultivava uma percepção da igreja como a comunidade que dialoga e vive de acordo com as escrituras, as quais equipavam a igreja para a proclamação e a vida no Reino, além de mantê-la em oração e santidade. A Bíblia também capacitava os cristãos primitivos a responder aos questionamentos e ataques. O desafio de Marcião e dos gnósticos a efetuar uma reconfiguração radical (que envolvia, no mínimo, uma semipaganização) do cristianismo foi enfrentado com um novo apelo às próprias escrituras, sob o argumento de que a igreja sempre havia acreditado da maneira ortodoxa (foi nessa época que vimos o desenvolvimento da "regra de fé" primitiva), e com argumentos detalhados (por exemplo, aqueles que Irineu propôs contra os gnósticos) sobre o sentido real das passagens específicas debatidas.

Foi dessa forma que nasceu o relato característico da igreja sobre si mesma para as pessoas que não pertencem a ela, e a explicação característica de suas próprias riquezas: o uso das escrituras como recurso central, apoiado por um relatório sobre os entendimentos anteriores ("tradição") e por uma exposição bem refletida, integrada de várias maneiras com as ideias principais da época (Justino, Tertuliano etc.), e também se opondo a algumas delas, que podemos, com um leve anacronismo, caracterizar como "razão" (veja as páginas 148-149). As escrituras continuaram a ser fundamentais; na verdade, as pregações baseadas nas escrituras, e os comentários que as expunham em detalhes, constituíam a essência da vida teológica normal nos primeiros séculos. O estudo da igreja primitiva como a comunidade leitora das escrituras é uma das melhores maneiras de entender o sentido principal do caráter do cristianismo.

A REAFIRMAÇÃO DA NARRATIVA DAS ESCRITURAS CONTRA OS CRISTIANISMOS ALTERNATIVOS "RECÉM-DESCOBERTOS"

Recorrer às escrituras era, acima de tudo, recorrer, em um nível estrutural e detalhado, ao que pode ser chamado de uma visão *judaica renovada* de Deus, do mundo e da humanidade. Isso pode ser demonstrado em milhares de declarações diferentes. Permanecendo em um nível bem geral, a declaração de ser um povo baseado na narrativa de Israel e recriado pela morte e ressurreição do Messias de Israel e, vivendo, assim, a vocação de serem homens e mulheres verdadeiros, preservou o *monoteísmo criacionista e pactual*, inicialmente diante do dualismo platônico dos gnósticos e de outros, e, em segundo lugar, diante do paganismo presente em todo o mundo greco-romano. (Mais detalhes acerca dessa declaração teológica profunda podem ser encontrados no capítulo 9 do meu livro *The New Testament and the People of God* [O Novo Testamento e o povo de Deus], SPCK, 1992.)

A ironia de declarar essa posição de judaísmo renovado, enquanto segue um Messias que a maioria dos judeus ainda considerava um impostor, surge na linha de pensamento desenvolvida a partir de Paulo (e.g., em Romanos 9—11), passando à obra de Justino *Diálogo de Trifão*, e assim por diante. No entanto, a existência desse conflito somente nos recorda o que estava em jogo na convivência da igreja com as escrituras e sua recusa em abandoná-la em favor da posição teológica bem diferente do chamado *Evangelho de Tomé*, por exemplo. A declaração de escritores como Justino, Tertuliano e Ireneu, e sua base e referência à escritura como autoridade, levaram ao destaque da natureza *histórica* da igreja, com a continuidade da época de Jesus até a deles, e de fato na continuidade do povo de Abraão, transformado por Jesus, o Messias, mas ainda obediente à mesma vocação para transformar o mundo.

Alguns livros recentes examinaram essas declarações em comparação às versões atuais de desafios conhecidos. Parte da motivação atual para descobrir versões "alternativas" do cristianismo primitivo, e para sugerir que os outros textos teriam sido "excluídos" em favor dos textos tradicionais com o intuito de silenciar formas vibrantes da vida cristã primitiva, vem de um espanto protestante recente com uma posição aparentemente "católica primitiva"; outra parte vem de uma recente disposição moderna de seguir religiões de "autodescoberta" em vez de religiões de redenção. Essas posições (tanto acadêmicas como populares, visto que o grande impacto do romance bem extravagante *Código da Vinci* deve ser entendido da mesma maneira, como o anseio dos especialistas de "descobrir" que algum texto siríaco ou copta revelaria o que Jesus "realmente" pensava) ganharam força a partir de um apelo para uma percepção geral dentro da recente cultura ocidental moderna, especialmente nos Estados Unidos, que afirma provar que o cristianismo ortodoxo é ruim para as pessoas e para as sociedades, e que sua natureza opressora, conivente com as forças de dominação, já estava em formação quando se escreveu e se escolheu o cânon bíblico da forma como conhecemos. Muitas vezes, as pessoas sugerem que o processo de formação do cânon é sinal de que a própria igreja era a autoridade final. Essa proposta às vezes é feita pelos tradicionalistas católicos, que afirmam a supremacia da igreja sobre a Bíblia, e às vezes pelos céticos pós-modernos, ao afirmarem que o próprio cânon e, portanto, os livros incluídos nele faziam parte de um jogo de poder pelo controle interno da igreja e pelo prestígio social no mundo. Isso se constitui em um erro lógico óbvio parecido com o de um soldado que, ao receber ordens pelo correio, conclui que o portador da carta é seu comandante. A princípio, aqueles que transmitem, compilam e distribuem a mensagem não estão no mesmo nível daqueles que a escreveram.

Na verdade, essas propostas contam com pouca base histórica, apesar de serem defendidas com entusiasmo em alguns círculos acadêmicos. Elas representam, entre outras coisas, uma busca séria por descartar a herança judaica da tradição cristã. Tanto a formação do cânon judaico como a do cânon cristão foram, sem dúvida, dificultadas por todos os tipos de motivações humanas imperfeitas, como também aconteceu inicialmente no processo de composição das escrituras. No entanto, a canonização nunca consistiu simplesmente em uma questão de escolha de certos livros com base em uma lista de inclusão e exclusão. Tratava-se de estabelecer a narrativa maior e sua estrutura, o que traz sentido e ordem ao povo de Deus e ao mundo que pertence a ele.

Devemos observar, como algo bem importante na história primitiva da igreja leitora da Bíblia, que aqueles que estavam sendo queimados vivos, lançados aos leões, ou de outras maneiras perseguidos, torturados ou mortos eram normalmente os que estavam lendo Mateus, Marcos, Lucas, João, Paulo e os demais autores do Novo Testamento. O tipo de espiritualidade criado pelo *Evangelho de Tomé* e outros livros parecidos não trazia preocupação para as autoridades imperiais, pelo simples fato de que o *Evangelho de Tomé* e as outras coleções de declarações não eram narrativos, evitando de propósito a opção de situá-los na estrutura fundamental da narrativa de Israel. Às vezes se diz ou se deduz que os livros canônicos, de modo diferente daqueles que se encontram em outras coleções, foram escritos para tornar o cristianismo primitivo mais respeitável na esfera sociocultural. Irineu, que voltou a Lyon como bispo depois de seu predecessor ter sido martirizado junto com outros cristãos, em 177, e que sempre se manteve como um opositor implacável do tipo de teologia encontrado no *Evangelho de Tomé* e em outros escritos similares, além de sempre ter sido um entusiasmado apoiador e expositor das escrituras, teria achado essa proposta assustadoramente engraçada. Como suas obras evidenciam, eram as escrituras canônicas que sustentavam a igreja primitiva em sua missão dinâmica e em seu compromisso de santidade radical, que era espantoso para o mundo pagão que os observava.

O DESTAQUE CADA VEZ MENOR NO CARÁTER NARRATIVO E NA DIMENSÃO ISRAELITA DAS ESCRITURAS

Foi difícil para a igreja manter o sentido judaico das escrituras como narrativa. Logo nos séculos seguintes, com a perda gradual da dimensão de Israel no entendimento da igreja sobre si mesma e sobre suas escrituras, a noção de autoridade bíblica foi afastada de seu contexto narrativo, e por isso foi isolada tanto do dom como do alvo do Reino. Como Telford Work demonstrou, muitos teólogos, principalmente Agostinho, permaneceram firmes no compromisso com a ideia da obra de Deus por meio da Bíblia para levar as pessoas à fé, à santidade e à salvação. No entanto, percebemos a ausência em parte da tradição que estava se desenvolvendo da noção dinâmica das escrituras como veículo do Reino de Deus que estava sendo gerado no mundo. A noção de "autoridade", que explicamos como "a operação de Deus por meio das escrituras para implantar o Reino, chamando e formando um novo povo da aliança, além de equipar seus líderes para serem mestres e pregadores", foi reduzida gradativamente a duas coisas em especial. Em primeiro lugar, as escrituras passaram a ser consideradas "tribunal de apelação", um livro de recursos ou regras em que se devem deduzir a doutrina e a ética e julgar as inovações. O segundo uso nessa época era na *lectio divina*, a prática pela qual os leitores podiam ouvir Deus falando com eles pessoalmente, alimentando sua própria espiritualidade e devoção.

A EXEGESE "ALEGÓRICA" COMO SINAL (INADEQUADO) DO COMPROMISSO DA IGREJA DE SER FIEL ÀS ESCRITURAS

Pelo menos a partir de Orígenes (*ca.* 185–254), alguns teólogos cristãos passaram a usar a alegoria como uma técnica importante para se entender a Bíblia. Em sua essência, a alegoria (que já tinha sido usada amplamente por Filo, filósofo e estadista judeu do primeiro século que viveu em Alexandria, a mesma cidade de Orígenes) lê o texto literal como um código por meio do qual é possível discernir os sentidos ocultos. Já se conta com isso parcialmente pelo menos em algumas parábolas de Jesus, embora a extensão que o próprio Jesus indica para seu uso continue a ser debatida. As cenas apocalípticas de Daniel e de outros livros do Antigo Testamento são explicadas alegoricamente dentro dos próprios textos. Paulo usa claramente a exegese alegórica do Antigo Testamento em Gálatas 4:21-31, tal como faz Pedro em 1Pedro 3:20-22. É possível que o exemplo mais conhecido da leitura alegórica posterior das escrituras seja o uso do poema de amor erótico espetacular que conhecemos como Cântico dos Cânticos, uma alegoria do amor entre Cristo e a igreja, parecido com as leituras judaicas que interpretam o amor entre YHWH e Israel.

De fato, o uso de destaques alegóricos consiste na insistência por parte da igreja na importância de continuar a conviver com as escrituras, todas elas, inclusive as passagens que pareciam profundamente problemáticas — como, por exemplo, algumas das histórias mais chocantes do Antigo Testamento. Nisso, vemos um conflito entre a autoridade e a interpretação: até onde pode ir uma reinterpretação do texto para que deixe de ser investida da autoridade, que, afinal de contas, foi o motivo de se iniciar a estudá-lo? Em que parte desse processo somos forçados a concluir que aquilo que *realmente* tem autoridade dentro dessa atividade corresponde ao sistema de teologia ou devoção no qual já se crê ou se abraça em outros termos, que depois é "descoberto" no texto pelo método interpretativo que está sendo utilizado?

Suspeito que, se os escritores do Novo Testamento se encontrassem com os intérpretes alegóricos posteriores, teriam vontade de lhes perguntar o seguinte: Por que vocês acharam esses textos problemáticos? Será que não perceberam que a Bíblia é mais do que um depósito de exemplos morais e de ensino dogmático? Será que não conseguiriam perceber que as escrituras se apresentam, ao todo e em muitas partes, como uma narrativa na qual, pelo menos em muitos casos, a maldade humana pode ser vista tal como ela é, para que o tratamento de Israel pudesse ser entendido de forma adequada? Essa é a razão por que, por exemplo, a condenação de Judá pelo incesto com Tamar (Gênesis 38) é o elo perdido entre seu comportamento arrogante em 37:26, propondo vender José como escravo, e sua prontidão humilde em ser escravo de José no lugar de Benjamim (44:13-14). O conto terrível sobre a concubina levita em Juízes 19 nunca teve o propósito de ser um exemplo moral; fazia parte da trama insistente sobre como a vida era caótica quando não existe um rei. O adultério de Davi com Bate-Seba (2Samuel 11) situa a narrativa que se segue pelo estupro da outra Tamar por parte de Amnom (2Samuel 13), que, por sua vez, provoca a rebelião de Absalão e a humilhação de Davi (2Samuel 15). Essas passagens, embora dificilmente sejam consideradas "histórias favoráveis" ao serem interpretadas como contos morais, ainda assim não precisam ser lidas de forma alegórica para que se descubram suas lições teológicas poderosas. Além disso, em um nível secundário, por que esses intérpretes alegóricos não adotam o próprio entendimento complexo e cheio de facetas do Novo Testamento acerca das maneiras pelas quais a leitura cristã do Antigo Testamento exige tanto a continuidade como a descontinuidade?

Logo, a interpretação alegórica representa tanto a insistência em que a igreja deve continuar convivendo e andando debaixo das escrituras como o fracasso em entender, pelo menos em alguns níveis, como elas de fato funcionam. Reconhecemos que há tipos diferentes de alegoria, e razões distintas para se adotar a exegese alegórica — complexidades que escapam significativamente ao assunto deste livro. No entanto, observe-se que pelo menos alguns usos da alegoria representam um afastamento do mundo judaico do primeiro século com o qual Jesus e seus primeiros seguidores estavam acostumados. Por um lado, a alegoria, como se tem às vezes afirmado, foi um modo de "preservar a Bíblia para a igreja", no sentido de que, com as outras estratégias de leitura disponíveis na época, as passagens menos atrativas do Antigo Testamento teriam sido completamente descartadas. E certamente os leitores alegóricos sempre conduziam sua exegese dentro da estrutura da regra de fé cristã primitiva, a qual oferecia ao seu pensamento uma aparência de narrativa cristã. Porém, a exegese alegórica sempre corria um risco muito grande de fazer concessões em um nível mais fundamental, incentivando as pessoas a ver a Bíblia de um modo desvinculado da narrativa e do próprio judaísmo. Nesse aspecto, a alegoria foi um sintoma de afastamento da primazia da própria narrativa bíblica, antecipando as tentativas atuais de viver de acordo com a escritura, tentativas que, no fundo, não se baseiam na própria Bíblia, mas, sim, em alguma tradição em particular na vida da igreja.

OS "QUATRO SENTIDOS" MEDIEVAIS: OUTRA TENTATIVA (INADEQUADA) DE SE CHEGAR AOS RICOS DETALHES DAS ESCRITURAS

A exegese alegórica realizada por alguns dos intérpretes primitivos prosseguiu e foi desenvolvida de um modo refinado e criativo por todo o período medieval. Os teólogos passaram a identificar quatro sentidos diferentes das escrituras: o literal, o alegórico, o anagógico e o moral.

Eles entendiam como sentido "literal" o significado original, que, de forma confusa, poderia até mesmo incluir a alegoria, como na interpretação de Paulo da história de Sara e Agar em Gálatas 4, ou a metáfora, como na declaração de Jesus: "Eu sou o bom pastor". (Observemos, a esta altura, que há um significado diferente de "literal" com relação ao uso posterior dessa palavra; veja as páginas 97-98). O sentido "alegórico" consistia na descoberta da doutrina cristã dentro de uma passagem cujo sentido original não parecia ter nenhuma ligação com ela: por exemplo, a passagem de quando Abraão enviou seu servo para encontrar uma noiva para seu filho (Gênesis 24) poderia ser lida como uma analogia de Deus enviando o evangelho, e/ou o Espírito Santo, e/ou um evangelista, para encontrar uma noiva (ou seja, a igreja) para seu filho (ou seja, Jesus Cristo). O sentido "anagógico" era uma maneira de descobrir no texto um símbolo da vida futura. Possivelmente, o exemplo mais conhecido disso (e frequentemente entendido dessa forma até hoje, de forma instintiva) seria o uso de salmos que falam de subir para Jerusalém como o modo de se referir ao destino do cristão em relação à cidade celestial. (A palavra "anagógico" significa "levando para cima", ou seja, elevando a mente e o coração para contemplar as coisas que são lá do alto, como em Colossenses 3:1-2.) O sentido "moral" era um modo de descobrir lições escondidas sobre como se comportar dentro de textos que não ensinam isso abertamente.

Do mesmo modo que a interpretação alegórica de escritores como Orígenes, o aspecto principal a observar sobre essas complexidades do método é que elas representam maneiras de assegurar que, mesmo nas seções em que as escrituras parecessem opacas, era o dever e o chamado da igreja conviver com elas e lhes ser obediente. Reitero que essa era uma maneira de ler as escrituras dentro da regra de fé, um modo de insistir na autoridade da Bíblia mesmo quando, pelo menos a partir de algumas perspectivas, não se conseguia prestar atenção no que as próprias escrituras estavam dizendo. Portanto, não devemos perder a visão que geralmente existe da cosmovisão medieval nos dias de hoje. Nós, que vivemos do lado de cá do Iluminismo e de todas as suas revoluções científicas, herdamos a percepção de um mundo desconectado e fragmentado, e agora precisamos aprender com uma dificuldade bem grande — por exemplo, em nosso cuidado ecológico do planeta — que as coisas são mais interligadas do que parece. aparentam ser. Tipicamente, a mentalidade medieval ignorou que em tudo, em todas as esferas dos assuntos divinos e humanos, em toda parte da ordem criada, há uma teia maravilhosa e complexa dentro da qual alguém pode viajar no pensamento de uma parte a outra, observando a harmonia em todos os pontos. Os quatro sentidos das escrituras, que parecem tão arbitrários ao mundo moderno (embora, muitas vezes, nós os tenhamos reinventado sob outros pretextos, como no esforço da crítica moderna da redação para fugir do sentido literal dos evangelhos e discernir camadas distintas de sentidos simbólicos em sua trama, caracterização, geografia etc.), basearam-se nesse sentido de interconectividade para sugerir, de fato, que, toda vez que alguém abre a Bíblia, não deve limitar-se a descobrir apenas o que aconteceu no passado, mas também tem uma porta para as riquezas da verdade cristã, a glória vindoura e a base sólida da moralidade cristã. Esse era um objetivo louvável, semelhante ao que podemos obter pelo tipo de leitura que este livro defende, apesar de usar outros meios, pelo menos em alguns aspectos.

No entanto, existe um risco em tudo isso. Como até mesmo os apologistas do período medieval admitem, a partir do momento em que a alegoria reina de forma suprema, quase tudo é passível de ser "provado" pelas escrituras, resultando em teorias fantásticas e altamente especulativas. Às vezes, essas teorias não passam de viagens da imaginação, como, por exemplo, quando o intérprete Hugo de São Vitor sugeriu que a arca de Noé, por ter trezentos côvados de comprimento, apontava para a cruz — já que a letra grega T, em forma de uma cruz, representa o número trezentos. (Isso fazia parte da determinação medieval em ver todos os aspectos da história de Noé como uma antecipação dos acontecimentos da vida de Jesus, de acordo com a referência de 1Pedro 3:20-22; e, de modo famoso, até mesmo a embriaguez de Noé foi incluída, e se tornou o tema de muitas pinturas grandiosas.)

O problema com tudo isso é, de fato, a falta de controle. Quando se permite que as escrituras se levantem com suas próprias pernas e façam um número de dança, elas deixam de ser um leão que ruge e passam a ser um gatinho manso. Elas são destituídas de sua "autoridade" em qualquer sentido absoluto; ou seja, podem ser citadas como "prova" para algum princípio ou outro, mas não estão orientando o caminho, capacitando a igreja com o fôlego vivo do próprio Deus. É obrigatório que sempre se pergunte se as escrituras estão sendo usadas para servir a alguma teologia existente ou vice-versa. Preocupações dessa natureza contribuíram para o conjunto complexo de circunstâncias que deram origem à Reforma do século 16.

O DESENVOLVIMENTO DA "TRADIÇÃO"

A popularidade dos "quatro sentidos" andou de braços dados com uma insistência cada vez maior em favor de uma autoridade paralela que passa a acompanhar as escrituras: a "tradição" — e, com certeza, por causa dela, da igreja como guardiã e criadora dessa tradição. Enquanto, para Tomás de Aquino, a definição de "tradição" tinha sido algo parecido com "o que a igreja declara enquanto expõe as escrituras", por volta do século 16 chegou-se a uma posição que considerava a "tradição" um reforço essencial, e, de fato, uma estrutura interpretativa para a Bíblia. (Esse desenvolvimento é, no mínimo, parecido em alguns aspectos com o conceito judaico da "Torá oral", que, junto com a "Torá escrita", foi supostamente concedida por Deus a Moisés no monte Sinai.) Isso indicava que tudo que poderia ser considerado bem estabelecido na tradição eclesiástica, mesmo que não houvesse menção alguma na Bíblia, e até parecesse ser contrário às coisas que a própria Bíblia dizia, poderia ser ensinado como autoritativo e apoiado em uma exegese alegórica engenhosa. (A virgindade perpétua de Maria seria um bom exemplo.) A posição da tradição, e de sua relação com as escrituras, permanece uma questão controvertida até hoje, não somente entre católicos e protestantes, mas também dentro da própria Igreja Católica.

SOLA SCRIPTURA E A REFORMA

O lema dos reformadores *sola Scriptura* fazia parte de seu protesto contra a corrupção medieval com que eles deparavam. Eles insistiam em que houvesse um retorno às escrituras, para que as pessoas vissem a morte definitiva de Jesus descartando a missa, a justificação pela fé descartando o purgatório, o poder da palavra de Deus descartando o poder do papa. A insistência deles em que as escrituras contêm tudo o que é necessário à salvação (um princípio que permanece bem claro nas declarações de fé da maioria das igrejas que têm sua origem na Reforma) fazia parte de seu protesto contra a obstinação romana na crença de que dogmas como a transubstanciação eram artigos de fé necessários. Isso nunca quis dizer que a pessoa teria de acreditar em todas as coisas contidas nas escrituras para ser salva. Em vez disso, por um lado, o princípio trazia um estatuto de limitações: nada *além* das escrituras deve ser ensinado como necessário para a fé salvadora. Por outro lado, trouxe uma sinalização básica no caminho: os princípios básicos ensinados pelas escrituras são realmente o caminho da salvação, e quem recebe a função de ensinar na igreja não tem o direito de usar esse título para ensinar outras coisas.

Portanto, os reformadores proclamavam a Bíblia na luta contra as tradições da igreja: o resgate do sentido literal em contraposição com o crescimento exuberante dos outros três sentidos, e a defesa do direito do cristão comum de ler as escrituras por si mesmo contra a proteção do texto sagrado por parte da elite, que lia em latim. Eles faziam isso para defender que a igreja se havia desviado e que o Deus vivo estava usando as escrituras para fazê-la voltar ao caminho certo. A Bíblia não era vista simplesmente como um recurso para dar apoio ou para refutar alguma ideia em particular. Eles criam que, quando ela era exposta fielmente, desde que se desse a devida atenção ao destaque do Novo Testamento à cruz e à ressurreição de Jesus Cristo como o momento decisivo de toda a história — que, como eles enfatizavam, aconteceu somente uma vez e não podia ser repetido a cada missa —, a palavra de Deus operava algo bem especial no coração e na vida das pessoas comuns. Foi pensando nessas pessoas comuns que alguns dos grandes reformadores passaram a ser tradutores, tendo como expoentes mais conhecidos Martinho Lutero, na Alemanha, e Tyndale, na Inglaterra. Esses dois homens exerceram influência duradoura não somente sobre o pensamento cristão, mas também sobre o idioma de seus países nos séculos posteriores.

O "SENTIDO LITERAL" NA REFORMA

É importante observar uma diferença fundamental de sentido entre um dos termos técnicos principais dos reformadores e o modo pelo qual a mesma palavra tem sido usada no período moderno. Quando os reformadores insistiram no sentido "literal" das escrituras, estavam se referindo ao primeiro dos quatro sentidos medievais. Embora, como vimos, isso sempre se referisse ao sentido histórico e referencial das escrituras (por exemplo, quando dizem que os homens de Salomão construíram o Templo, o sentido literal é exatamente que os homens de Salomão construíram o Templo), o sentido "literal" realmente indica "o significado da letra"; e se a "letra" — as palavras concretas utilizadas pelos autores e editores originais — é metafórica, que assim seja. Portanto, talvez de uma forma confusa para nós o sentido "literal" de Salmos 18:8, que fala de fumaça saindo das narinas de Deus, é que, por meio dessa rica metáfora, o salmista está se referindo à indignação terrível do Deus vivo contra aqueles que oprimem seu povo.

Os reformadores tinham o cuidado de explicar essa questão quando defendiam o que viam como sentido metafórico das palavras de Jesus na Ceia ("Este é o meu corpo") em contraposição ao que, para nós, seria chamado sentido "literal" — essa é a visão (como dizemos) que Jesus "transmitiu de forma literal", que apoiaria uma noção bem grosseira de transubstanciação. Para eles, o sentido "literal" era *aquele que os primeiros autores queriam transmitir*, que, nesse caso, defendiam ser alguma espécie de sentido figurado. Deixando essa questão pontual de lado, precisamos observar com atenção que recorrer "ao sentido literal das escrituras", esperando por isso estabelecer um princípio ao refletir a linguagem dos reformadores, só pode ser válido se indicarmos, não o "literal" como o oposto de metafórico, mas o "literal" (que pode incluir o metafórico, desde que seja, seguramente, o sentido original) em oposição aos outros três sentidos medievais (alegórico, anagógico e moral). Esse é um dos muitos pontos em que o apelo posterior à Reforma precisa ser examinado com bastante cuidado. Hoje em dia, quando as pessoas se referem a um "literalista", geralmente o classificam como "fundamentalista". O destaque dos reformadores no sentido literal não apoia de modo algum esse tipo de posição que elas querem insinuar. Voltaremos a falar sobre isso mais adiante.

OS REFORMADORES E A "TRADIÇÃO"

Apesar de os reformadores se haverem recusado a considerar a tradição extrabíblica uma fonte *independente* de autoridade (e gostarem de citar passagens como Marcos 7:8, em que Jesus castiga os escribas e fariseus por colocarem a tradição humana sobre o mandamento divino), eles frequentemente recorriam aos pais da igreja, demonstrando sua própria continuidade com a época e as interpretações pré-medievais. Afinal de contas, eles tinham uma noção incômoda da acusação de pura inovação; a igreja esteve presente por todos os 15 séculos anteriores, declarou quem eram seus adversários e onde eles teriam estado durante todo esse tempo? Eles, como Irineu em oposição aos gnósticos, recorreram frequentemente à exegese histórica baseada na gramática — muitos reformadores, especialmente João Calvino, eram comentaristas bíblicos de primeira linha — para combater as leituras internas sutis e fantasiosas, que geravam (e que, por sua vez, sustentavam) uma visão de mundo diferente, a da igreja medieval. No entanto, é possível argumentar que os reformadores nunca trouxeram grandes avanços para superar o impasse insinuado na polarização entre as escrituras e a tradição. Eles queriam destacar que apoiavam o que havia de melhor do que se passou, mas nunca desenvolveram maneiras de explicar como essa totalidade, a combinação entre a Bíblia e a história do que a igreja dizia ao ler as escrituras, poderia encaixar-se.

AS ESCRITURAS E A TRADIÇÃO NA CONTRARREFORMA

Quando o Concílio de Trento, que foi convocado por Roma para responder às acusações e propostas dos reformadores, trabalhou a questão referente à doutrina e à tradição, acabou elaborando fórmulas que continuam fazendo parte da doutrina e da catequese católicas até hoje. O Concílio declarou que as escrituras e a tradição (seção 4.8, 8 de abril de 1546) deveriam ser recebidas como instrumentos detentores da mesma autoridade. O Concílio Vaticano II, realizado quatrocentos anos depois, afirmou que as escrituras e a tradição "fluem da mesma fonte divina, convergem para a unidade e prosseguem rumo ao mesmo objetivo". Sempre foi a posição protestante que as escrituras devem permanecer como a prova de quais são as doutrinas verdadeiras e quais são as interpretações da Bíblia (é nisso que, por exemplo, todas as igrejas creem no caso do Credo Niceno) e quais representam distorções e fraude. Continuaremos a discutir isso mais adiante.

No entanto, para cumprir nossos propósitos nesta seção, que consistem em esclarecer e expor o modo pelo qual as escrituras podem ser autoritativas, devemos observar que, a partir do momento em que começamos a falar sobre "escrituras e tradição" como duas *fontes de autoridade*, estamos usando a palavra "autoridade" de uma forma um tanto diferente. Se um homem se refere a duas mulheres como "minhas duas esposas", dando a entender que ele é casado com as duas ao mesmo tempo, ele está aplicando outro sentido à palavra "esposa". No caso da "autoridade", a ideia de duas correntes paralelas indica que, em vez de se dirigirem a algo como o conceito dinâmico que estamos expondo, tanto os reformadores como seus adversários estavam entendendo a "autoridade" principalmente como "o lugar aonde você pode ir para encontrar uma decisão autoritativa". Isso foi bem natural, visto que esse era um dos principais sentidos de "autoridade" naquela época. No entanto, isso não nos ajuda muito a lidar com as questões que levantamos neste livro, que estão relacionadas à maneira pela qual as escrituras têm o poder salvador e dinâmico de Deus.

OS REFORMADORES E A NARRATIVA DE DEUS

Aquilo de que sentimos falta atualmente, quando lemos a obra dos reformadores, é algo fundamental dentro das próprias escrituras, mas que, em sua atenção aos detalhes, eles não tinham a preocupação de destacar: a grande *narrativa* de Deus, de Israel, de Jesus e do mundo, a qual se desenvolve até hoje e aponta para a renovação definitiva de todas as coisas. É verdade que sua insistência no caráter eterno e único da morte sacrificial de Jesus se baseia no que hoje chamaríamos de sentido "escatológico", uma noção de que a grande narrativa especial de Deus e do mundo teve seu momento decisivo justamente nesse acontecimento e, já que ele fez isso, é impensável que faça isso novamente sem prejudicar a proposta inicial. (Se lhe pedissem para assinar um contrato pela segunda vez, você suspeitaria de algo errado com o primeiro.) No entanto, os reformadores não parecem ter ido muito longe em permitir essa percepção verdadeiramente bíblica de uma narrativa contínua, na qual nos envolvemos em um estágio posterior, que é exatamente o que eu e outras pessoas estamos afirmando agora.

Logo, por exemplo, as leituras que eles fazem dos evangelhos não demonstram muita percepção de sua parte como repositórios de ensino dominical, concluindo com os acontecimentos da Sexta-feira Santa e da Páscoa, sem integrá-los à proclamação do Reino, que aconteceu antes deles. Essa fraqueza é compreensível pelo fato de que, em seu desejo de romper com o passado imediato para retornar ao que se afirmava mil anos antes, eles não tinham muita chance de dar lugar a alguma percepção de continuidade dentro da história da igreja como um todo.

Entretanto, o ponto principal a ser observado neste estudo breve do século 16 é que a insistência dos reformadores na autoridade das escrituras explicou várias questões importantes, mas deixou ainda muitas outras sem discussão. De uma coisa, podemos ter plena certeza: se os reformadores pudessem retornar e dialogar conosco hoje, eles não diriam: "Nós acertamos tudo, vocês têm de seguir a nossa exegese e teologia e aplicá-las exatamente da mesma forma que idealizamos". No entanto, eles diriam: "Vocês têm de seguir o nosso método: leiam e estudem as escrituras: deem a si mesmos a chance de ler e estudar a Bíblia e deixem que ela faça sua obra no mundo, em seu coração e por meio de vocês e de suas igrejas". Eles não ficariam surpresos se, nesse processo, concluíssemos alguns pontos com propostas teológicas e práticas diferentes ou com outros aspectos. Além disso, eles nos incentivariam a seguir a orientação das escrituras, usando todas as ferramentas ao nosso alcance, e a estar preparados para desafiar todas as tradições humanas, inclusive as próprias tradições da Reforma, em tudo que as próprias escrituras nos incentivarem a isso.

O LUGAR DA "RAZÃO"

Da mesma forma que temos de ser cautelosos com a palavra "literal" quando retornamos do período moderno para o século 16, recomendamos o mesmo cuidado ou um cuidado redobrado com a palavra "razão" e com as palavras a ela relacionadas, como, por exemplo, "racionalismo". Com certeza, cada uma delas tem um histórico complicado e que não é possível analisar neste estudo. No entanto, os debates a respeito dessas questões que ressurgiram no século 16 continuaram a suscitar polêmica e influenciam a maneira pela qual as pessoas discutem a autoridade na época atual.

Tertuliano fez uma pergunta famosa no final do primeiro século 2: "O que Atenas tem a ver com Jerusalém?" — em outras palavras, em que medida a razão destituída do auxílio filosófico se relaciona com a revelação de Deus em Jesus Cristo? Entretanto, ele mesmo fazia sua lição de casa no que diz respeito à retórica filosoficamente apurada, e isso deixa aberta a questão de como, e até que ponto, a razão humana e a clareza de pensamento e de discurso têm a sua parcela de contribuição para o entendimento cristão. Tomás de Aquino definiu a grande síntese que sustentou a teologia da alta Idade Média. Os especialistas continuam a debater quanto ele acreditava que havia algumas coisas, inclusive a existência de Deus, que alguém poderia conhecer com a razão humana sem auxílio algum — ou seja, sem o benefício da revelação especial concedida pelas escrituras ou pela própria tradição, que, com certeza, continuava tendo muita importância para Tomás.

Essa pergunta sobre quanto alguém pode conhecer sem nenhuma revelação especial se reacendeu no início da Reforma, quando Lutero confrontou furiosamente Erasmo de Roterdã sobre a questão da possibilidade de a vontade e o entendimento humano serem capazes de compreender o evangelho ou se o pecado original obscureceu tanto a mente a ponto de deixá-la escravizada ou incapaz de ajudar a si mesma, mesmo tendo alguns lampejos de percepção, precisando sempre da graça da revelação. (O paralelo entre a doutrina reformada da justificação pela fé sem as obras e o conhecimento de Deus pela revelação especial, em vez da capacidade humana inata, continua a ser importante em vários níveis.) A questão nunca foi resolvida de forma satisfatória durante a primeira geração da Reforma, quem sabe principalmente porque os próprios reformadores estavam recorrendo ao "sentido claro das escrituras", em oposição à complexidade da exegese medieval, e a questão sobre o que deve ser considerado "sentido claro", com certeza, consiste em uma questão de juízo racional.

Isso traz uma complexidade maior à questão dos "sentidos" da escritura, já que o "sentido claro", um conceito desenvolvido, de forma paradoxal, com o pretexto de polemizar em vez de esclarecer, não é a mesma coisa que o "sentido literal", que acabamos de analisar. O "sentido literal" pode ser tudo, menos claro, se a própria passagem for complexa. A palavra "claro" inevitavelmente coloca um elemento subjetivo que convida à seguinte resposta: "Claro para quem?". Isso antecipa alguns problemas que passaremos a abordar em relação à "razão" no mundo moderno.

Na Inglaterra, em particular, a discussão chegou a seu auge nos debates da segunda parte do século 16. O movimento puritano, esperando finalmente levar algum tipo de calvinismo para a Inglaterra do mesmo modo que levara à Escócia, afirmou que, já que somente as escrituras possuíam autoridade, apenas os costumes e cerimônias que fossem claramente autorizados pelas escrituras deveriam ser permitidos na vida da igreja. Para se opor a eles, Richard Hooker (*ca.* 1554-1600) divulgou uma teoria que, enquanto confirmava com firmeza as doutrinas reformadas básicas como a justificação pela fé, resgatava, de outra maneira, Tomás de Aquino e a cosmovisão holística medieval. Ele insistia em que toda a realidade é governada pela lei natural, que, por si só é, acima de tudo, racional, e que provém e é expressão da própria razão suprema de Deus. Ele via os puritanos como pessoas que seguiam uma proposta impossivelmente simplista. Ele explicava que a sociedade humana se desenvolve e se transforma, e que a igreja, em um de seus níveis, tem uma vida dinâmica e não estática, e deve crescer e transformar-se de forma adequada. Enquanto faz isso, ela inevitavelmente vai além do que as escrituras ensinam de forma clara, como, por exemplo, os grandes credos, inevitavelmente, fazem. Os métodos de governo da igreja, um dos pontos de debate naquela época, inevitavelmente mudarão e passarão a se desenvolver. Portanto, a insistência de Hooker na "razão" não se tratava de uma maneira de desvalorizar as escrituras, mas, pelo contrário, de garantir que a comunidade que se baseava nas escrituras tivesse uma vida saudável e adequada, sem prosseguir em um processo de tentativa e erro, como se estivesse no escuro, mas avançar de acordo com a razão, com base nas escrituras, segundo a lei natural que, a princípio, vinha do Deus criador. As escrituras continuavam a ser fundamentais, mas essa razão concedida por Deus e baseada nas escrituras capacitou a igreja a se desenvolver de um modo coerente com as afirmações claras, ainda que não seja algo necessariamente previsto por elas.

Esse é o contexto no qual podemos ver com bom proveito o que Hooker queria dizer com a "razão", de um modo diferente do que passou a perceber posteriormente. Uma das várias ironias da Reforma foi o destaque puritano ao direito à interpretação individual das escrituras, que abriu caminho (já que o elemento da devoção piedosa foi retirado, junto com as autoridades eclesiásticas severas) para o racionalismo, que, a partir do século 18, insistia que o indivíduo poderia ser dono do seu destino, capitão de sua própria alma — guiada somente pela razão humana, sendo, portanto, capaz de se livrar dos ensinos da igreja e das escrituras. Hooker teria achado isso terrível. Para ele, a "razão" fazia parte de toda uma ordem natural que elevava a mente ao único Deus verdadeiro que foi revelado em Jesus Cristo de forma plena e definitiva. O conceito de "razão" como fonte de informação totalmente independente, que, a partir dessa época, passou a *ser utilizado contra* as escrituras e a tradição, fica muito longe de todo esse modo de pensar. Parte do legado de Hooker, disponibilizando uma parcela das riquezas do pensamento medieval que se considerava inacessível dentro de uma estrutura reformada, era precisamente uma visão de mundo holística que não insiste em que as escrituras sejam julgadas no tribunal da "razão" e achadas em falta; em vez disso, propõe que não devemos ler e interpretar as escrituras de forma arbitrária, mas com um pensamento lúcido, baseado no discernimento histórico.

Isso, com certeza, parece desenvolver um argumento circular, semelhante à noção de "sentido claro" que os reformadores propuseram: De quem é esse pensamento claro e em que informações históricas se baseará esse critério? Porém, isso nos leva mais adiante, ao período em que essa questão havia sido deixada de lado por um tempo, e em que uma "razão" aparentemente neutra se tornou o árbitro diante do qual as próprias escrituras seriam julgadas e condenadas.

O DESAFIO DO ILUMINISMO

Somos todos filhos, netos ou pelo menos enteados do Iluminismo do século 18, e temos razões tanto para sermos gratos pelos privilégios que vieram dele como para ficarmos preocupados com os problemas que ele causou. (Até mesmo as partes do mundo que não foram influenciadas diretamente pelo Iluminismo, um fenômeno basicamente da Europa Ocidental e da América do Norte, entraram nessa esfera atualmente, em razão da forte globalização do comércio, da economia, da televisão e do turismo.) Como entrou na moda questionar as premissas e as atividades do Iluminismo, vale a pena dizer de antemão que ele trouxe muitas bênçãos para o mundo. A ciência e a tecnologia tiveram efeitos tanto maravilhosos (ninguém quer ser tratado por um dentista pré-moderno) como catastróficos (câmaras de gás e bombas atômicas teriam sido tecnicamente impossíveis há trezentos anos). De um modo mais específico, sua insistência em perguntar e pesquisar as questões históricas produziu uma enxurrada de explicações sobre muitas áreas de suma importância para o pensamento cristão, apesar de o lado negativo dessa mesma insistência ter como resultado frequente um ceticismo racionalista que contraria as próprias bases do cristianismo.

A TENTATIVA ILUMINISTA DE ENFRAQUECER O CRISTIANISMO ORTODOXO COM O RACIONALISMO: UMA NOVA DISTORÇÃO DA "RAZÃO"

Com certeza, o Iluminismo (tendo como pensadores principais Hume, Voltaire, Thomas Jefferson e Kant) foi, em sua maior parte, um movimento claramente anticristão. Parte da ambiguidade de viver como cristão no mundo "moderno" (adjetivo pelo qual as pessoas geralmente identificam o período pós-Iluminismo) é o desafio de negociar e de estabelecer na prática quais de seus desafios devem ser abordados e de que maneira isso deve acontecer, e quais são as realizações desse movimento que devem ser acolhidas e melhoradas. Embora a pós-modernidade tenha desafiado bastante a visão iluminista de mundo, a maioria das pessoas no mundo ocidental atualmente, e muitas em outros lugares, ainda inclui vários elementos dessa cosmovisão como a única maneira possível de olhar para o mundo. Portanto, a negociação e a preparação necessárias são inevitavelmente complexas.

Especificamente, o Iluminismo insistia na "razão" como a capacidade central dos seres humanos, habilitando-nos a pensar e agir corretamente; portanto, considerava os seres humanos bons e racionais por natureza. A razão devia ser o árbitro para julgar quais afirmações religiosas e teológicas podiam ser mantidas (observe a obra famosa de Kant *A religião nos limites da simples razão*). Isso indicava que muitos pensadores do Iluminismo apresentavam uma inclinação ao ateísmo. Aqueles que mantinham alguma crença em um ser divino eram propensos a um teísmo abstrato e não trinitário, ou simplesmente ao deísmo (reconhecendo um Deus distante ou remoto), em vez da crença cristã tradicional. Esse contexto teve efeito, em vários níveis, sobre a maneira como as pessoas leem a Bíblia e pensam sobre sua autoridade. Boa parte do que foi escrito sobre a Bíblia nos últimos duzentos anos ou segue a agenda do Iluminismo, ou reage a ele, ou tenta negociar um meio-termo.

A LEITURA DA BÍBLIA NO MUNDO DO ILUMINISMO

Em especial, a ascensão dos estudos bíblicos históricos de nível superior parece constituir-se em uma faca de dois gumes. Em primeiro lugar, o Iluminismo apresentou um desafio necessário e saudável à igreja, o qual não é totalmente diferente daquele trazido pelos reformadores, duzentos anos antes: o destaque de que as escrituras devem ser lidas historicamente, procurando o sentido original, sem supor que elas simplesmente ecoarão, talvez de uma forma mais simples, o que boa parte da igreja posteriormente já dissera. Esse programa continua até hoje: só há bem pouco tempo foi amplamente reconhecido, por exemplo, que a expressão "filho de Deus" em muitos escritos do Novo Testamento não significa imediatamente "a segunda pessoa da Trindade", mas consiste em um título que, para um judeu do primeiro século, segue mais um sentido messiânico do que conotações "divinas" (de modo que a alta cristologia que o Novo Testamento afirma de modo inquestionável deve ser entendida dentro dessa estrutura cultural).

No entanto, além disso, do século 18 em diante, vários historiadores engajados no projeto do Iluminismo desenvolveram tentativas propositais de demonstrar que essas leituras realmente enfraqueceriam as principais afirmativas cristãs. Eles provariam, como se afirmava, que a Bíblia era condenável historicamente (cita acontecimentos que não aconteceram de verdade), cientificamente (dizendo que Deus criou o mundo em sete dias, mas, na época, descobriu-se que isso aconteceu por um longo processo de evolução) e moralmente (por exemplo, ela apresenta Deus ordenando aos israelitas que matem os cananeus e os amalequitas). Tudo isso fazia parte do ataque padrão preparado contra o cristianismo pelo grupo modernista como um todo.

Isso continua até hoje — por exemplo, toda vez que surge outro livro em que alguém que se identifica como "historiador" examina sob uma perspectiva "neutra" as origens da fé cristã e as condena. Os editores, assim como os jornalistas, ainda gostam de dançar conforme a música iluminista, embora os pensadores sérios das últimas décadas já tenham descoberto há muito tempo que não existe uma perspectiva neutra a respeito de nada. Boa parte dos estudos acadêmicos bíblicos vem-se posicionando por dois séculos entre a tarefa necessária e estimulante da investigação histórica e o uso polêmico da historiografia racionalista como uma arma proposital contra as afirmações da igreja. Alguns, reconhecidamente, conseguiram sair desse esquema e declararam que todo esse projeto iluminista estava tão carregado de erro que eles decidiram desistir da exegese histórica e confiar no significado das escrituras que a igreja sempre afirmou. Acho que até sei o que os reformadores, principalmente Calvino, teriam dito a esse respeito.

Já que esses dois objetivos — a investigação histórica e a historiografia racionalista, que usavam como arma contra a igreja — reivindicavam alguma continuidade com os objetivos dos reformadores protestantes, as esferas protestantes dos estudos bíblicos de nível superior geralmente acharam difícil fazer distinção entre a necessidade dos estudos históricos acadêmicos (se a leitura deve ser mantida no texto original, fica mais difícil recorrer a algum tipo de "autoridade") e o apelo bem diferente e subjacente a toda leitura iluminista de usar a "razão", mas não com o destaque de que a exegese tem de fazer sentido dentro de uma visão geral de Deus e do mundo em geral (como Hooker propõe), e sim como uma "fonte" independente por seus próprios méritos. Isso deu origem ao que agora entendemos como "racionalismo", com suas leituras multiformemente reducionistas e céticas, que tachavam as antigas crenças centrais do cristianismo de "antiquadas", "pré-modernas" etc. — um desprezo que ainda se expressa tanto na esfera popular como na acadêmica, a despeito dos ataques que cada vez mais têm sido realizados contra todo o projeto iluminista, conforme veremos mais adiante. Além disso, diante desse desprezo, geralmente tudo o que resta da "autoridade das escrituras" é a noção de que elas nos dão acesso a um tipo particular de experiência religiosa que devemos ser incentivados a imitar. Não somente se trata de um substituto bem fraco e insatisfatório da narrativa viva e verdadeira, mas também de um raciocínio sem muito respaldo, já que, de fato, o Novo Testamento dá testemunho (sem querer dizer que esse seja seu propósito principal) de todos os tipos de "experiência religiosa", inclusive várias que os escritores rejeitam categoricamente. Esse raciocínio cai por terra quando os especialistas sugerem, como vêm fazendo ultimamente, que isso legitima todas essas experiências anteriores que os escritores do Novo Testamento tentam descartar. Quando se chega a esse ponto, a expressão "autoridade das escrituras" torna-se completamente nula.

A VISÃO ALTERNATIVA DO ILUMINISMO SOBRE O AUGE DA HISTÓRIA

Por trás de seu claro ceticismo histórico, as motivações mais profundas dos pensadores do Iluminismo estavam relacionadas ao esforço de persuadir seus contemporâneos de que a humanidade tinha chegado à maturidade naquela época. Voltaire declarou que toda a história havia sido uma luta progressiva rumo a essa nova cultura baseada na razão. De fato, a ideia de *progresso* se constitui em uma das partes mais duradouras de seu legado. Quando as pessoas dizem, como de costume: "Em nossa época atual...", ou "Já que estamos no século 21...", elas recorrem à noção implícita de que, desde o século 18, o mundo é reorganizado por um movimento inexorável de racionalização moral, social e cultural, segundo o qual as regras e as crenças antigas são descartadas ou, caso sejam mantidas, são domesticadas e alinhadas com a razão. Como declararam os filósofos, o mundo entrou em uma nova era e agora tudo é diferente.

Isso queria dizer que o Iluminismo estava trazendo sua própria *escatologia* rival, semelhante à narrativa bíblica do Reino de Deus que foi inaugurado por Jesus. O cristianismo declarou que esse reino tinha sido inaugurado pelo próprio Jesus, especialmente por sua morte e ressurreição. No entanto, esse sentido de um momento histórico singular no primeiro século foi tão silenciado na maior parte da teologia cristã — substituindo a escatologia por sistemas de salvação e de ética — que facilitou imensamente a estratégia de infiltração do Iluminismo, geralmente sem que ninguém notasse. Foi essa virada escatológica que fez com que os pensadores iluministas zombassem do retrato bíblico do Reino vindouro, em uma manobra que ainda é ignorada por muitos círculos nos dias de hoje: em primeiro lugar, deturpando-o ("Todos os cristãos primitivos esperavam que o mundo acabasse imediatamente"), e depois descartando-o ("Eles eram fanáticos às raias da loucura e foram completamente desmentidos"). Essa estratégia de se colocar na posição de quem sabe mais, tão característica das várias vertentes que fazem parte do pensamento iluminista (e que agora fazem parte do cenário mental e emocional dos ocidentais mais modernos), disfarçou o fato de que a alternativa iluminista era igualmente fanática e desvairada: a crença de que a história da humanidade, que anteriormente não passava de um caso de escuridão e superstição, passou por uma transformação radical — na Europa Ocidental e na América do Norte no século 18! — e foi esclarecida, principalmente pela ciência e pela tecnologia.

A NOVA VISÃO ILUMINISTA DO MAL

Portanto, o Iluminismo trouxe ao mundo *uma nova análise e uma nova solução ao problema do mal*, colocando-se radicalmente contra toda a herança trazida pelo judaísmo clássico e pelo cristianismo. Afirmou que o problema verdadeiro do mal consiste no fato de as pessoas não pensarem nem agirem de modo racional, e o racionalismo iluminista lhes ensinaria como fazer isso e criaria as condições sociopolíticas para sua efetivação. Os estudos bíblicos acadêmicos que cresceram em meio ao mundo do Iluminismo pegaram carona nesse conceito, reduzindo a obra de Deus em Jesus Cristo a um simples ensino e exemplo moral. (É impressionante a frequência com que as pessoas declaram que, "na verdade, Jesus só era um mestre moral", como se isso fosse uma nova descoberta, em vez de uma proposta de duzentos anos que era descaradamente bitolada na época e que até agora nunca foi provada.) A ideia era esta: se o progresso trazido pelo Iluminismo está resolvendo o problema do mal, tudo que Jesus fez se resume a apontar esse caminho e demonstrar às pessoas como o amor e a compaixão se expressam na prática. Só pode seguir o seu exemplo quem faz uso da razão. Se não a utilizarem, precisam aprender mais sobre isso.

Boa parte do pensamento supostamente cristão (inclusive grande parte do pensamento cristão supostamente bíblico) nos últimos duzentos anos aceita sem nenhum questionamento essas propostas bombásticas, transformando o "Reino de Deus" na "esperança do céu depois da morte" e tratando a morte de Jesus no máximo como o mecanismo pelo qual o pecador, como indivíduo, pode receber perdão e esperança para um futuro no além — deixando os políticos e os economistas do Iluminismo assumirem as rédeas do mundo, o que comprovadamente o levou à ruina. (Por falar nisso, essa agenda política consistia, na verdade, em uma parte fundamental do projeto do Iluminismo: trancar "Deus" no andar de cima, de modo a fazer da religião uma questão de piedade individual, permitindo que se possa organizar o mundo segundo seus próprios interesses. Esse vem sendo o *leitmotif* do mundo ocidental desde aquela época, a nova filosofia que até o momento tem sido a base de grandes impérios, além de ter lançado projetos totalitários imensos completamente equivocados, deixando o mundo inteiro em confusão. No entanto, temos de deixar essa discussão para outro momento.) Enquanto isso, a Bíblia acaba sendo amordaçada igualmente de ambos os lados. Ela é silenciada pelos defensores do secularismo, que a descartam por ser irrelevante ou historicamente imprecisa, ou coisas assim — como era de se esperar, para que não viesse a questionar seus sonhos imperiais. Além disso, preocupa-me tanto ou mais do que esse aspecto o fato de ela ser limitada ao extremo por muitos fiéis, que não têm a mínima noção de sua mensagem global, cósmica e repleta de justiça, tratando-a somente como um instrumento de devoção pessoal e como fonte de doutrina sobre a salvação eterna. Tanto a leitura secular como a sagrada — e os estudos acadêmicos que têm oscilado entre elas — têm sido responsáveis pelas leituras rasas, que, como vimos no prólogo, se constituem em nosso problema imediato.

OS DEBATES CONFUSOS SOBRE A BÍBLIA NO MEIO ACADÊMICO

Nos últimos duzentos anos, os estudos acadêmicos sobre a Bíblia nunca se caracterizam pela "neutralidade" ou pela "objetividade", apesar do que se afirma a respeito. Pelo contrário, eles desenvolvem — ou mesmo sofrem — uma relação dialógica complexa com sua cultura contemporânea. De modo particular, eles se têm envolvido na trama das várias influências políticas da Europa no período, especialmente com o nazismo (podemos citar o exemplo de grandes especialistas como Gerhard Kittel, que foi editor do *Dicionário Teológico do Novo Testamento*, e que estava profundamente envolvido no clima antissemita da época) e a reação a isso, em favor de um entendimento "judaico" do cristianismo primitivo, exemplificado na obra de eruditos como W. D. Davies. De modo irônico, a defesa da "objetividade" entre os especialistas históricos indica que esse tipo de contextualização de sua obra nem sempre tem recebido o devido destaque. Não se pode mais afirmar que os "estudos bíblicos modernos" chegaram às conclusões relativamente fixas e inalteradas que costumavam ser ensinadas nas faculdades e nos seminários — um ponto importante, já que muitos que debatem as principais questões da vida da igreja nos dias de hoje têm esse tipo de formação, e, por causa disso, sua leitura e seu uso das escrituras foram, no mínimo, distorcidos de forma significativa.

Na verdade, como as novas levas de estudos acadêmicos demonstram, basta alguém abordar as provas a partir de uma nova perspectiva (em um livro sobre Jesus como *Jesus and Judaism* [Jesus e o judaísmo — SCM Press, 1985]), e todo tipo de coisa que se pensava anteriormente como alheia à história — nesse caso, o entendimento que Jesus tinha de sua própria vocação no que se refere à restauração de Israel — de repente passa ao centro dos debates, como conceitos historicamente convincentes e compreensíveis. Isso não quer dizer que a história não possa avançar de modo consistente; na verdade, considero a obra de Sanders e de outros semelhantes contribuições importantes para uma melhor compreensão, embora ainda precisem ser desenvolvidas e corrigidas, como eu e muitos outros temos tentado demonstrar. A maioria dos especialistas bíblicos atuais tem noção de que eles e seus companheiros de debates escrevem a partir de contextos com os quais eles e sua formação acadêmica interagem constantemente, e que sua obra deve ser julgada sob esse prisma.

O que significa dizer, dentro desse cenário, recorrer à "autoridade das escrituras"? Às vezes, essa expressão é usada como um modo de dizer que a pessoa não se importa com a formação acadêmica de quem a aborda, e que só acredita na Bíblia. Isso é simplesmente inaceitável. Poucas pessoas poderiam ler o Novo Testamento se não houvesse especialistas para fornecer léxicos gregos e traduções baseadas neles. Não há nem como começar a entender o mundo do primeiro século sem que os estudos acadêmicos o expliquem (como sempre se torna bem evidente quando as pessoas sem tais explicações tentam ler esses textos em voz alta, quanto mais quando praticam a exegese!). Sempre que se pede algum tipo de pesquisa acadêmica, é comum reclamar que os expositores preferem basear-se no que aprenderam no início de sua formação, que hoje simplesmente é descartado como conhecimento comum, a ter o trabalho de despertar mentalmente e ter novas percepções. Insisto em dizer que esses estudos mais antigos e essas leituras mais tradicionais revelam-se equivocados ou incompletos. Com certeza, até mesmo os estudos atuais e os futuros passarão por esse mesmo processo, mas isso não nos isenta de sempre tentar buscar a excelência, em uma busca interminável por entender as escrituras de forma mais completa. Minha experiência mostra que esse processo de tentativa e erro sempre resulta em avanços importantes (constatados principalmente pela maior profundidade e o maior número de perspectivas detectadas no texto), e que basta se dar ao trabalho de iniciar essa tarefa para haver novas descobertas pastorais e homiléticas. O reconhecimento da "autoridade das escrituras" implica exatamente *não* dizer: "sabemos que as escrituras querem dizer e não necessitamos de mais questionamentos". Pelo contrário, ele sempre indica que a igreja em cada geração deve empreender novos e entusiasmados esforços para entender mais completamente as escrituras e aplicá-las de forma mais abrangente, mesmo que isso implique abandonar as tradições prediletas.

Esse empenho deve ser maior ainda quando as tradições em questão consideram a si mesmas "bíblicas". Sempre existem aqueles que se dispõem, ao ouvirem uma nova interpretação, a reexaminar as escrituras para verificar se as coisas são mesmo assim (Atos 17:11). No entanto, sempre existem outros cuja reação a qualquer proposta nova é insistir, já que os grandes pregadores e mestres da antiguidade esclareceram o que determinada passagem significa, que não se pode mais acrescentar nada — e até mesmo a tentativa de dizer algo novo é vista como uma iniciativa ímpia ou arrogante. Volto a dizer que não há dúvida sobre o que Martinho Lutero diria a respeito de um argumento desse tipo.

Na verdade, aqueles que se recusam a tentar ver a Bíblia de uma nova maneira sempre se fecham dentro de determinado tipo de cosmovisão pós-iluminista — a "fundamentalista", segundo a qual tudo o que pode ser visto nos evangelhos e nas cartas de Paulo de uma nova forma é filtrado, mesmo em se tratando de informações "bíblicas". Esses detalhes filtrados incluem a dimensão inevitavelmente política do Novo Testamento, e (algo que não deixa de se relacionar com isso) o caráter messiânico de Jesus (o fundamentalismo normalmente parte da palavra "Cristo", não para os significados atribuídos no primeiro século à palavra "Messias", mas, sim, para a divindade de Jesus, a qual o Novo Testamento define de forma bem diferente). O protesto desse tipo de fundamentalismo contra o "liberalismo" da chamada escola acadêmica modernista bíblica (que geralmente se atinha à forma da piedade, mas negava seu poder) não passa de uma batalha entre um tipo de Iluminismo e outro. Quando observamos essa triste polarização, o único ponto positivo é o divertimento irônico de observar a extrema estreiteza de visão daqueles que, depois de defender uma postura "liberal" há trinta ou quarenta nos, agora acham que continuam a ser liberais e modernos pelo simples fato de repeti-la como um mantra hoje em dia, da mesma forma que afirmaram naquela época.

"LITERAL" E "NÃO LITERAL"

Às vezes, esse debate se expressa por meio da polarização entre as interpretações "literalistas" e "não literalistas". Conforme já vimos, esse uso da palavra "literal" e de outras palavras parecidas com essa está bem distante da forma como essas palavras eram utilizadas nos debates do século 16, e nem passa pela cabeça daqueles que se autointitulam "literalistas" nesse sentido moderno que eles estão recorrendo ao apoio dos reformadores quando agem assim. Na verdade, essa classificação não veio a identificar somente propostas hermenêuticas diferentes, mas também, especialmente nos Estados Unidos, acaba retratando cosmovisões inteiras, completamente diferentes. Isso torna a discussão séria de textos controvertidos praticamente impossível, já que se entra em um fogo cruzado de acusações veladas de "culpa por associação" ("Você não passa de um fundamentalista literalista!" ou "Você nada mais é que um liberal incrédulo").

Essa falsa dicotomia ou polarização causa equívocos graves. Nem todos que tentam seguir a Bíblia dissecando suas partes e seu todo são fundamentalistas, e nem têm culpa dos fracassos culturais, intelectuais e morais que os liberais norte-americanos (e de outras partes) percebem nos conservadores norte-americanos (e de outras partes). Igualmente, nem todos aqueles que questionam alguns elementos do ensino do Novo Testamento, ou sua aplicabilidade aos dias atuais, são "liberais" no sentido pejorativo proposto pelos conservadores ou tradicionalistas norte-americanos. Deve-se levar em consideração o comportamento péssimo dos dois lados, chegando até mesmo a ser horrível em alguns momentos, na política local, na área sociocultural da América do Norte, bem como a bizarrice (aos olhos de um observador externo) por parte daqueles que estão mais interessados em algumas questões do cristianismo "conservador" de, em geral, escolher ignorar o que a Bíblia diz a respeito de amar os inimigos e também sobre a justiça econômica, escolhendo também esquecer que muitos dos melhores e mais antigos expositores das escrituras cristãs — os pais da igreja primitiva — se opunham fortemente à pena de morte. Se quisermos ter uma mentalidade literal, vamos levar a sério os textos importantes sobre esses assuntos. No entanto, não se pode permitir que as repercussões culturais, sociais e políticas contemporâneas determinem o sentido ou a importância de certo texto ou tema. As aplicações equivocadas da Bíblia acontecem desde o princípio do cristianismo, como indica 2Pedro 3:16, e isso não quer dizer que as escrituras sejam inúteis atualmente ou que seu uso adequado não possa ser resgatado. (Para mais informações a esse respeito, veja o capítulo 5.)

EXEGESE HISTÓRICA: AINDA BÁSICA, MAS SEM A GARANTIA DOS "RESULTADOS COMPROVADOS" DO MODERNISMO

Portanto, o problema de como usar os estudos acadêmicos "modernistas" na igreja vem sendo exacerbado pelas disputas culturais locais dos Estados Unidos, que, no presente, se constitui em seu maior centro, tendo ultrapassado a Alemanha nesse particular aproximadamente nesta última geração. Entretanto, esse problema deve receber um enfoque diferente (embora não tenha sido ainda percebido de forma mais ampla) diante da obra detalhada e cuidadosa dos últimos cinquenta anos de destacar e explorar o contexto histórico e cultural do cristianismo primitivo, tanto do lado judeu como do lado greco-romano. Muitas posições "consensuais" antigas (e.g., de que Paulo talvez não tivesse escrito Efésios e Colossenses; que algumas formas de tradição evangélica que exibiam características "judaicas" são necessariamente desenvolvimentos das que equivaliam às tradições helenistas) são fruto direto do protestantismo racionalista do Iluminismo, que descartou, entre outras coisas, todo o componente judaico do Novo Testamento quanto a tudo que não passava de "catolicismo primitivo". Chegamos a uma situação nos estudos acadêmicos, sem refletir muito sobre a aplicabilidade à igreja, em que precisamos fazer uma releitura de todos os seus elementos. Um exemplo óbvio é a busca do Jesus histórico, cujo contexto mudou drasticamente nos últimos trinta anos.

O fato de eu haver criticado a polarização entre "literais" e "não literais" não quer dizer que eu seja indiferente à questão sobre se os acontecimentos mencionados nos evangelhos ocorreram de fato. Longe de mim algo assim! Só quero destacar que não ajuda nada repetir frases de efeito irrelevantes e imaginar que se resolveu a questão. Há uma distância bem grande entre aqueles que querem provar a historicidade de tudo que é relatado na Bíblia para demonstrar que é realmente "verdadeira" e aqueles que já têm o compromisso de viver debaixo da autoridade das escrituras mas continuam abertos ao que a própria Bíblia ensina e destaca. O que é mais importante: "provar que a Bíblia é verdadeira" (que acaba dando a entender que desejamos continuar pensando como de costume) ou levá-la tão a sério a ponto de deixar que nos conte coisas sobre as quais nunca ouvimos antes e que não estávamos muito dispostos a ouvir?

Minha sugestão, segundo a qual devemos fazer uma releitura dos problemas, não quer dizer que devemos defender o retorno às leituras pré-modernas, como aqueles que querem perpetuar o modernismo iluminista com certeza sugerirão. Muito pelo contrário: devemos ir mais fundo no trabalho histórico sério do que o modernismo (por suas próprias razões) estava preparado a fazer. Quando fazemos isso, descobrimos em vários momentos que muitos problemas ou "contradições" descobertos pelos estudos críticos dos modernistas surgiram da projeção de cosmovisões estranhas sobre o texto. Atualmente possuímos léxicos bem melhores do que os da época moderna, além de novas edições de muitos textos antigos, mais descobertas arqueológicas e numismáticas do que o necessário para passar a vida estudando. Devemos usar esses recursos históricos com gratidão. Quando agimos dessa maneira, descobrimos que boa parte do consenso "modernista" antigo é questionável com base no recurso utilizado por eles — ou seja, a descarada reconstrução histórica. Como um escritor contemporâneo destaca: "Quem critica o Iluminismo não tem opção senão agradecer a ele por colocar suas próprias armas contra si mesmo" (M. J. Inwood, no livro *The Oxford Companion to Philosophy*, ed. T. Honderich [OUP, 1995], p. 237).

O Iluminismo recorre à história, mas isso não deve causar medo no cristão. Já que é um fato que Deus viveu, morreu e ressuscitou na Palestina do primeiro século, esses acontecimentos ficam plenamente abertos a quaisquer questionamentos, de forma bem parecida com Jesus ressuscitado, de acordo com a narrativa, ao enfrentar o cético Tomé (João 20:24-29). Deve ser melhor crer sem ver, como Jesus disse a Tomé na ocasião, mas o cristianismo deve estar preparado para dar uma resposta àqueles que fazem a pergunta do cético, sobre o que realmente aconteceu na história e o modo pelo qual isso se deu, e fazendo uso da disciplina que é peculiar aos próprios historiadores, podemos saber o tipo de "conhecimento" adequado e disponível para a pesquisa histórica. Na verdade, eu ainda gostaria de ir um pouco mais longe. Ao abordar a questão, podemos descobrir coisas sobre o que as escrituras dizem que nossas próprias tradições descartaram. Quem sabe seja somente sob a pressão de nossos questionadores culturais que nos envolveremos na tarefa que nunca deveríamos ter abandonado: tentar sempre entender e viver de acordo com nossos textos fundamentais, de um modo melhor em relação a quem veio antes. Insisto que, na prática, é nisso que consiste a vida debaixo da autoridade das escrituras.

O DESAFIO ADEQUADO QUE A PÓS-MODERNIDADE FAZ À MODERNIDADE: A DESCONSTRUÇÃO CORRETIVA E NIILISTA NECESSÁRIA

O modernismo e suas leituras passam, como já sugeri, por um tipo diferente de ataque, realizado pelo movimento pós-moderno. O pós-modernismo, ao desmascarar os jogos de poder latentes em textos e movimentos, principalmente os que aconteceram nos últimos duzentos anos, não somente traz um desafio ideológico a muitos textos antigos e modernos, como também à própria modernidade — especialmente à hegemonia cultural do mundo ocidental, que se baseia nas conquistas do Iluminismo. Temos visto todos os tipos de releitura dos textos bíblicos — feminista, pós-Holocausto, étnica, pós-colonial etc. —, e todas essas descobriram textos que vêm sendo usados, e que alguns sugerem que foram escritos para esse uso, como discurso de ódio, ou seja, como armas de opressão ou até mesmo de coisas piores.

Um exemplo claro é o brado "Que seu sangue recaia sobre nós e sobre os nossos filhos" em Mateus 27:25, que se tornou motivo de polêmica quando estava sendo filmado e discutido o filme de Mel Gibson *A paixão de Cristo*. Outro exemplo bem conhecido de uma leitura desconstrucionista é a análise do retrato que Marcos faz de Herodes Antipas (6:17-29), em que a narrativa demonstra refletir uma perspectiva tipicamente "masculina", segundo a qual Herodes recebe apenas uma culpa superficial pela morte de João Batista, como vítima indefesa nas mãos de sua enteada sedutora e de sua esposa calculista. Às vezes, os textos assumem sentidos novos e indesejados por causa dos acontecimentos políticos recentes. É chocante, mas talvez inevitável, que os cristãos palestinos achem difícil ou impossível cantar os salmos que falam de Israel tendo vitórias militares sobre seus inimigos.

Muitos reconhecerão que essas leituras desconstrutivas cumprem a função de destacar o modo pelo qual os textos *podem* ser ouvidos, não importando a intenção que o autor teve. Elas também produzem o efeito (ampliando a força do racionalismo modernista nesse aspecto) de tirar os textos de seu cânon implícito, embora às vezes ofereça candidatos alternativos para serem incluídos. Em alguns casos, inutilizam livros inteiros porque esses escritos são considerados culpados daquilo que o mundo ocidental pós-moderno considera, em seu espírito crítico novo e presunçoso, pecados ideológicos imperdoáveis. Com certeza, a desconstrução do modo padrão de ler textos nem sempre constitui algo negativo ou destrutivo porque pode ter o efeito de nos empurrar para longe das meias verdades confortáveis para ver algo que realmente se encontra no texto, algo a que não tínhamos prestado atenção anteriormente. No entanto, a desconstrução vem sendo utilizada com frequência, de forma bem clara, para colocar uma placa de sinalização ("Perigo! Preconceitos ideológicos") contra o texto como um todo.

Portanto, o efeito da pós-modernidade sobre as leituras ocidentais das escrituras é, como todo o restante no movimento, essencialmente negativo. Ela concorda com a modernidade em desprezar tanto a proposta escatológica do cristianismo como sua solução ao problema do mal, mas sem colocar nenhuma alternativa no lugar. Tudo que podemos fazer com a Bíblia, se a pós-modernidade ditar as regras, é brincar com esses textos para nos proporcionar prazer, e colocar avisos contra aqueles nos dão trabalho ou a outros que atraem nossa simpatia (geralmente seletiva). *Esse é exatamente o lugar no qual boa parte da igreja ocidental se encontra.* O fato de que essa postura se limita a ser presumida, mas nem sempre declarada, faz com que ela cresça em força, já que é a pós-modernidade que combina atualmente com a cultura ocidental, e não se abre a desafios, revelando a sua presença. De fato, os desafios são descartados de forma rotineira, em uma tentativa de retornar à modernidade ou mesmo à pré-modernidade, deixando-nos com uma bela ironia: uma ideologia que declara que todas as outras são jogos de poder, mas que mantém sua própria posição, fugindo a princípio de todos os questionamentos. Portanto, boa parte da crítica, tanto moderna como pós-moderna, tem deixado a igreja, depois de anos de pesquisa muito bem patrocinada nos seminários e colégios, menos preparada para usar a Bíblia, encontrando-se muito longe do modo que Jesus e os cristãos primitivos tinham em vista. Isso justifica o vácuo bíblico na essência da maioria das chamadas igrejas tradicionais de ambos os lados do Atlântico Norte e em outros lugares também, e é por isso também que somos reduzidos a disputas no grito sobre a autoridade bíblica.

Mas e se houver uma maneira melhor?

A IMPOTÊNCIA DA PÓS-MODERNIDADE

Não podemos fugir do problema, à moda do fundamentalismo, simplesmente recorrendo a um argumento *a priori* ("A Bíblia diz..."). No entanto, em termos dos movimentos culturais, estamos restritos a observar o imperialismo cultural implícito dentro do modernismo (que o próprio pós-modernismo desmascarou, mas também que, de outro modo, o perpetua, por sua afirmação implícita de que somente os pós-modernistas sabem o que se passa) e na omissão da crítica pós-moderna em fazer alguma coisa a respeito. Como Nicholas Boyle destacou (*Who are we now?* [Quem somos nós agora?], T&T Clark, 1998)], tudo o que a desconstrução consegue é o niilismo de que o único alívio é uma espécie de narcisismo hermenêutico, sentindo prazer com a leitura e deixando o resto do mundo passar sem que se dê conta. Tal abordagem não desafia o mal verdadeiro com sucesso, já que todo desafio pode ser desconstruído nas motivações ocultas do desafiador ou dos desafiadores; e as próprias escrituras ficam amordaçadas por causa disso, em um silêncio cúmplice em relação ao mal radical.

Logo, o destaque de um viés "masculino" na maneira como Marcos conta sua história, de modo a lançar insinuações morais sobre todo o projeto dele, pode resultar em nossa falha em perceber que a narrativa de Marcos com respeito ao Reino de Deus inaugurado pela morte e pela ressurreição de Jesus se constitui em uma crítica política e teológica muito profunda ao império pagão que estava no poder, cujos soldados mataram o Messias judeu (veja, por exemplo, Marcos 10:42-45). Outro exemplo: a sugestão que é feita de vez em quando, de que o "patriarcado" aparente nas regras de Efésios e Colossenses inviabiliza o uso desses livros hoje em dia, significa, mais uma vez, que a visão que eles têm da igreja como o povo unido e renovado de Deus, que, por sua própria existência, coloca um desafio poderoso e irrefutável à religião e ao império pagão é completamente ignorada. (Veja o novo livro de Brain Walsh e Sylvia Keesmaat, *Colossians Remixed* [O remix de Colossenses], Paternoster, 2005].)

Minha sugestão atual é que a leitura narrativa e "realista crítica" proporciona um caminho de vanguarda para sair do atoleiro pós-moderno — uma tarefa que parece cada vez mais urgente, na medida em que o grande império mundial do presente continua a impor sua vontade econômica, política, militar e cultural sobre o mundo, enquanto aqueles que propõem posições radicais na cultura atual não têm força suficiente para detê-lo.

QUAL É O PAPEL DA "EXPERIÊNCIA"?

Toda vez que as pessoas hoje em dia falam sobre "autoridade" dentro da igreja, elas costumam fazer um apelo positivo em favor da "experiência". De fato, embora isso nunca seja aceito nas declarações de fé oficiais, muitos líderes da igreja agora falam do quadrinômio "escrituras/tradição/razão/experiência", como se o conhecido tripé tivesse sido atualizado com uma perna a mais do mesmo tipo das outras três. A fonte histórica principal para isso é a interpretação de alguns escritores posteriores sobre o destaque da "experiência" no pensamento de John Wesley. De fato, alguns têm-se referido a um "quadrilátero wesleyano", uma expressão que o próprio Wesley nunca usou. Para o próprio Wesley, as escrituras continuavam a ser a autoridade principal; a "experiência" na qual ele insistia era a experiência viva do amor de Deus e do poder do Espírito Santo, por meio do qual o que a Bíblia diz passa a ser demonstrado na vida do cristão. Esse é um uso bem ilegítimo de tudo isso ver a "experiência" como uma fonte separada de autoridade que deve contrapor-se às próprias escrituras, embora esse procedimento seja frequente, quase rotineiro, em muitos círculos teológicos ("A Bíblia diz... a tradição diz... a razão diz..., mas a experiência diz... portanto, é isso que adotaremos"). Muitas vezes, essa questão tem sido proposta no estudo do cristianismo primitivo como se o que existia de "normativo" na igreja primitiva, e até mesmo no Novo Testamento, fosse seu testemunho de algo chamado de "experiência cristã primitiva". Isso se alinha perfeitamente com as agendas modernas e pós-modernas, mas eu considero essa estratégia enganosa. O acréscimo de uma nova quarta perna a um tripé pode deixá-lo instável.

Na verdade, para princípio de conversa, "escrituras, tradição e razão" nunca foram o mesmo *tipo* de coisa. A comparação com um tripé é, por si só, enganosa. Não se trata de coisas semelhantes, como maçãs, peras e laranjas; parece mais algo como maçãs, elefantes e chaves de fenda. Como vimos, uma grande linhagem de teólogos, de Tomás de Aquino a Hooker, e até mesmo muitos escritores atuais, insistiriam que a "tradição" é um legado do que a igreja diz quando reflete sobre as escrituras, e a "razão" é a regra do discurso segundo a qual essa reflexão é resgatada do absurdo aleatório e integrada a uma visão holística de Deus e do mundo. No entanto, até mesmo isso pode fazer parte da narrativa, e implicar uma forma mais sólida e mais fixa de "tradição" e "razão" que a narrativa da igreja permite.

Em outras palavras, as escrituras, a tradição e a razão não são como três estantes diferentes, as quais podem ser consultadas livremente para encontrar respostas às perguntas principais. Em vez disso, as escrituras são a estante, a tradição é a memória do que as pessoas na casa leram e entenderam (ou quem sabe deixaram de entender) do que estava nelas e a razão se constitui nos óculos que as pessoas usam para entender o sentido do que leem — embora, de forma preocupante, em cada época se tenham usado óculos diferentes, e há indícios de que alguns leitores, usando a "razão" que lhes estava disponível, distorceram bastante os textos que estavam lendo. Já a experiência consiste em algo diferente, referindo-se ao efeito sobre os leitores daquilo que eles leram, e/ou da cosmovisão, da experiência de vida, da situação política, e de muitos outros aspectos, do lugar no qual essa leitura acontece.

Isso pode ser visto (pela experiência!) pelo caos que surge quando se permite que a "experiência" seja o árbitro final. Seja nas estatísticas oficiais, seja nas evidências anedóticas, a "experiência" dos cristãos, e de todas as outras pessoas quanto a isso, sempre e inevitavelmente surge com várias narrativas simultâneas e incompatíveis. A "experiência" é incerta demais para que um conceito qualquer tenha a chance de proporcionar uma base suficientemente estável para servir como "autoridade", a menos que se queira expressar, como o livro de Juízes escreve de forma irônica, que todos devem simplesmente fazer o que é reto aos seus próprios olhos, o que, com certeza, equivale a dizer simplesmente que não existe autoridade. Na verdade, o destaque da "experiência" contribuiu materialmente para essa espécie de pluralismo que beira a anarquia, que agora observamos por todo o mundo ocidental.

Entretanto, existe um problema ainda maior a ser enfrentado, precisamente um problema lógico. A "experiência" dos cristãos, e das igrejas, trata justamente *do lugar e do contexto em que a leitura das escrituras exerce a sua autoridade*. Antes de mais nada, precisamos de autoridade justamente pelo fato de que a "experiência" é fluida e confusa, e porque todos os seres humanos, inclusive os cristãos devotos, são suscetíveis ao processo sério e multifacetado do autoengano, que pode ser desencadeado inclusive por suas tradições e raciocínios (como Jeremias lamentava, o coração é enganoso acima de todas as coisas [17:9]). Isso também é uma das principais coisas que descobrimos pela "experiência"! Portanto, quando atribuímos *autoridade* à experiência, necessariamente admitimos que a própria palavra "autoridade" está sendo anulada, porque se torna incapaz de constituir um "tribunal de apelação" no sentido bem antigo, ou, no sentido mais bíblico, como "aquela pela qual Deus exerce seu poder e implanta o Reino". Essa anulação — de colocar uma mordaça no desafio de Deus ao mundo idólatra — foi um dos objetivos principais (anticristãos) do Iluminismo, que prosseguiu, ainda que com uma disposição diferente, na pós-modernidade. Se a experiência passa a ser uma *fonte* de autoridade, não podemos mais ser *abordados* por uma palavra que vem de fora de nós mesmos. Nessa situação, a teologia e a vida cristã deixam de se basear propriamente em Deus e passam a ter sua base em nós mesmos; em outras palavras, tornam-se uma forma de idolatria segundo a qual trocamos a verdade sobre Deus por uma mentira criada pelo homem. Isso, ou algo parecido, é o que encontramos com as variedades modernas populares de gnosticismo, em que o bem religioso principal é conhecer a si mesmo e depois ser "fiel" ao ego descoberto com esse método. No entanto, elevar essa diretriz (que está sendo desafiada de forma radical pela pós-modernidade, embora geralmente isso não seja reconhecido nos estudos importantes) ao alto patamar que lhe atribuem nos dias de hoje é dar um passo imenso para se afastar de todas as formas conhecidas do cristianismo ortodoxo.

"EXPERIÊNCIA" E CONTEXTO

A força positiva do apelo à "experiência" é expressa da melhor forma em termos do *contexto dentro do qual* ouvimos as escrituras. A experiência, como o polo subjetivo necessário a todo o conhecimento, é o lugar em que nos encontramos quando ouvimos a palavra de Deus, conhecemos seu amor e entendemos sua sabedoria. É de suma importância que os cristãos "experimentem" o poder e o amor de

Deus no decurso de sua própria existência. Isso nunca consiste em uma aplicação mecânica da "autoridade de Deus", como se os seres humanos fossem meros códigos em vez de portadores da imagem de Deus. Além disso, exatamente devido ao problema do mal em nós e no mundo (o problema que o Iluminismo buscou minimizar), precisamos ser abordados e desafiados dentro desse lugar, dessa subjetividade, e não simplesmente reforçar nossa acomodação.

Podemos expressar isso da seguinte forma: "experiência" é o que cresce sozinho no jardim; "autoridade" é o que acontece quando o jardineiro quer destacar a bondade das flores e das plantas verdadeiras arrancando as ervas daninhas para permitir que a beleza e a fertilidade triunfem sobre o caos, os espinhos e os cardos. A igreja extremamente autoritária, que não dá nenhuma atenção à experiência, resolve o problema pavimentando o jardim com concreto. A igreja que lhe dá uma atenção exagerada resolve o problema (real ou imaginário) do concreto (das expressões rígidas ou "discriminatórias" da fé) permitindo que tudo cresça sem nenhuma vigilância, às vezes classificando o concreto como "lei" e celebrando toda espécie de erva daninha como "graça". Desafiar nossa deturpação da imagem de Deus por meio da idolatria faz parte da afirmação de nossa identidade como criaturas à imagem de Deus porque devemos retratá-la com todas as suas consequências. Ao lado desse desafio, segue a promessa da nova aliança estabelecido em Jesus como parte da nova criação que ele já inaugurou e que um dia será terminada. Além disso, com certeza (por causa de nossa tendência ao autoengano) precisamos verificar constantemente, sob o escrutínio das escrituras, se estamos permitindo que a palavra da graça de Deus no evangelho, e da reafirmação que Deus traz a nós como seres criados à sua imagem, racionalize o que na verdade se trata de uma forma idólatra e distorcida de humanidade. Quando "experimentamos" de fato a afirmação de Deus, deixando que as escrituras sejam o veículo do juízo e da autoridade de Deus em nossa comunidade e em nossa vida individualmente, então conhecemos a verdade do mesmo modo que conhecemos a nós mesmos.

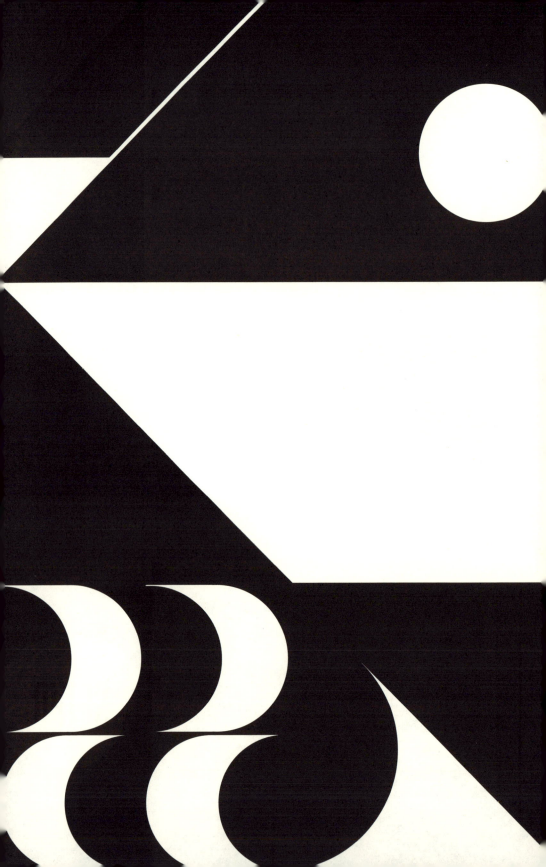

LEITURAS EQUIVOCADAS DAS ESCRITURAS

Nesse contexto cultural complexo, não é de admirar que uma grande variedade de leituras inadequadas das escrituras tenha proliferado, tanto entre aqueles que se consideram pessoas que acreditam nelas como entre os que se afastam dessa classificação mas desejam manter pelo menos alguma continuidade com a tradição bíblica. Muitos desses erros passaram a ser considerados tão corriqueiros que chegam a ser ignorados em alguns segmentos expressivos da igreja.

Mesmo sob o risco de incentivar uma polarização que considero traiçoeira, podemos classificá-las em dois blocos. Segue-se uma lista pequena de exemplos, mas podemos acrescentar muitos outros. Tenho de resumir bastante, porque o espaço não comporta, mesmo correndo o risco de criar estereótipos. Cada uma dessas categorias pode ser explicada e exemplificada com muito mais detalhes.

LEITURAS EQUIVOCADAS DA "DIREITA"

Para começar, passo a apresentar as várias posições geralmente classificadas como "de direita", que se baseiam ou recaem em uma leitura gravemente equivocada da Bíblia:

A. A leitura claramente dualista do "arrebatamento" de 1Tessalonicenses 4 (como na série extremamente popular e abertamente de direita *Deixados para trás*), que cultiva ironicamente uma simbiose com a leitura B a seguir.
B. O entendimento claramente materialista das promessas bíblicas identificado como o "evangelho da prosperidade".
C. O apoio à escravidão. (As escrituras sempre lutaram para humanizar essa instituição, que não tinha perspectiva imediata de ser erradicar. Ao privilegiar a narrativa do Êxodo, ela constantemente se referia à narrativa dominante do Deus que liberta escravos; em algumas passagens, como a carta de Filemom, arma-se uma bomba-relógio para detonar todo esse sistema.)
D. O racismo endêmico de boa parte da cultura ocidental. (Novos grupos de segregação racial ainda tentam basear suas idcologias nas escrituras.)
E. Leituras indiscriminadas do Antigo e do Novo Testamento, que, com certeza, coexistem em simbiose com a leitura F a seguir.
F. A seleção livre, inconsciente e arbitrária de um cânon implícito dentro do cânon. (Poucos cristãos fazem sacrifícios de animais ou rejeitam consumir carne de porco, mariscos etc., mas poucos sabem o motivo pelo qual as pessoas fazem isso; algumas igrejas são exigentes nas ofensas sexuais, mas fazem vista grossa à ira e à violência, enquanto outras fazem justamente o contrário; poucas igrejas hoje em dia se dão ao trabalho de observar as proibições bíblicas com relação aos juros.)
G. A aplicação de ideias do "novo Israel" (e.g., uma leitura de Deuteronômio) a vários projetos do Iluminismo. (Os Estados Unidos são o exemplo óbvio, mas podemos encontrar essa mesma ideologia, adaptada para uma matriz católica francesa, no Québec.)
H. O apoio à pena de morte (que muitos pais da igreja rejeitaram).
I. A descoberta de sentidos "religiosos" e a exclusão dos significados "políticos", geralmente apoiando a política vigente. Isso coexiste alegremente em algumas culturas com a leitura A, aqui mencionada.

J. Leituras de Paulo em geral e de Romanos em particular que descartam toda a dimensão judaica por meio da qual é possível entender essa carta. Essa leitura geralmente existe em simbiose com a leitura K, a seguir.
K. A tentativa de apoio "bíblico" ao Estado moderno de Israel como o cumprimento das profecias bíblicas.
L. O fracasso total em prestar atenção ao contexto na hermenêutica.

Boa parte disso, infelizmente, caracteriza o chamado cristianismo "conservador". Uma grande parcela do cristianismo "liberal", ao observar esse quadro, e associando-o a uma subcultura com a qual tem outros conflitos, define-se claramente contra isso ("libertando a Bíblia do fundamentalismo" etc.).

LEITURAS EQUIVOCADAS DA "ESQUERDA"

A lista anterior é rivalizada pelas leituras rotineiras equivocadas do que se percebe como "esquerda":

A. A reivindicação de "objetividade" ou de uma leitura "neutra" do texto (a posição modernista clássica).
B. A afirmação de que a história moderna ou a ciência "refutou a Bíblia" ou fez com que algumas de suas afirmações fundamentais se tornassem redundantes, indesejáveis ou inacreditáveis.
C. O argumento da "relatividade cultural": "a Bíblia provém de uma cultura diferente e antiga, portanto não devemos levá-la a sério no mundo moderno".
D. As reescritas racionalistas da história, que adotam como um ponto de partida fixo o que o Iluminismo quis demonstrar (que, por exemplo, alguns aspectos da narrativa de Jesus "não tinham como acontecer") mas não foi capaz.
E. A tentativa de relativizar os ensinos bíblicos que são amplamente divulgados recorrendo a um "princípio" generalizado que parece ter sido suspeitamente criado pelo Iluminismo (e.g., "tolerância"

ou "inclusão"); observe que, quando Jesus foi almoçar com Zaqueu (Lucas 19:1-10), as pessoas ficaram chocadas, mas Zaqueu foi transformado; e que, ao "incluir" a mulher surpreendida em adultério e denunciar a justiça própria de seus acusadores (João 8:1-11), Jesus disse para que ela não pecasse mais.

F. A caricaturização do ensino bíblico em alguns temas, abrindo caminho para descartar seu ensino em outros: apesar da resistência teimosa, o Novo Testamento *realmente* admite o divórcio em algumas situações; também *prevê* que as mulheres possam ser apóstolas, diaconisas e dirigentes do culto; ela realmente *faz* o seu melhor (como já dissemos na outra lista) para humanizar e, enfim, desafiar posteriormente a escravidão.

G. A descoberta de sentidos "políticos" excluindo os "religiosos", sempre evitando observar que, a menos que exista algum poder sendo liberado por essas leituras, isso acaba se limitando a uma simples retórica que traz um consolo hipócrita aos que os seguem com alguma sensação de entendimento e superioridade moral ("Eu te dou graças, Senhor, porque não sou como esses pietistas apolíticos"), mas sem trazer transformação alguma ao mundo.

H. A proposta de que o Novo Testamento usou o Antigo Testamento de uma forma razoavelmente arbitrária ou imprópria; às vezes, como vimos, chega-se à conclusão de que podemos e devemos usar o Novo Testamento dessa maneira. Os exemplos que geralmente são apresentados incluem a forma como Mateus usa Oseias (2:15) e o uso que Paulo faz do tema da "semente" (Gálatas 3:16). Na verdade, os dois dependem de uma relação de causalidade entre Jesus e Israel, a qual não era muito clara para muitos especialistas protestantes no período modernista, mas que atualmente se transformou em uma moeda de troca no meio acadêmico, que prestou atenção ao uso que o Novo Testamento faz dos temas e das narrativas do Antigo Testamento.

I. A afirmação de que os autores do Novo Testamento não achavam que suas obras se constituíam em "escrituras", de modo que recorrer a elas seja visto como uma violação de suas intenções (veja páginas 72-74).

J. O destaque de que a igreja levou algum tempo para decidir sobre o cânon atual (e que os debates importantes incluíam alguns fatores que não diziam respeito à teologia, como, por exemplo, motivações políticas), e o uso desse fato como argumento para desacreditar o cânon e privilegiar outros livros (por exemplo, o *Evangelho de Tomé*) que propõem uma visão de mundo diferente, muitas vezes projetando essa preferência de forma irônica por trás de uma reivindicação neopositivista de uma data anterior para o material deuterocanônico. (veja páginas 86-89).
K. Um apelo superficial a "leituras contextuais", como se bastasse sussurrar a palavra "contexto" para que se tivesse acesso ao sentido e à importância do texto.
L. A tentativa de reduzir por um lado a "verdade" a afirmativas "científicas", enquanto, por outro lado, ela é completamente desconstruída.

Infelizmente, boa parte disso caracteriza a leitura das escrituras identificada como "liberal". Os seminários e as igrejas tradicionais no Ocidente costumam supor e ensinar que tudo isso trata de descobertas do meio acadêmico, e que toda tentativa de questionar essas visões em qualquer momento representa um retorno a uma pré-modernidade anti-intelectual — que colocaria em risco a posição, a credibilidade e possivelmente o salário daquele que questiona. Essa situação acaba trazendo uma ignorância impressionante sobre a natureza e o ensino das escrituras; uma incapacidade de usá-la de maneira séria, madura e, de fato, cristã; e, com certeza, uma reação dos cristãos "conservadores", os quais, ao verem tudo isso, e associando isso de forma correta a outros fatores socioculturais com que também possuem pendências, definem-se claramente como opositores.

A POLARIZAÇÃO DOS DEBATES E A NECESSIDADE DE UMA EXEGESE RENOVADA, ORIENTADA AO REINO E CALCADA NA HISTÓRIA

É dessa raiz — as "guerras bíblicas" condicionadas de forma cultural, principalmente na América do Norte — que a polarização dos debates atuais surge, e volto a dizer que é desse contexto que se diz com frequência que toda leitura da Bíblia constitui uma questão de interpretação, deduzindo-se que a interpretação de uma pessoa é tão boa quanto a da outra. Com certeza, essa é uma variante da posição pós-moderna clássica de que, na verdade, o texto não existe, somente interpretações, e, a partir do momento em que alguém o lê, ele "se transforma" em algo diferente do que "se torna" quando é lido por outra pessoa (novamente segundo o princípio de Heisenberg).

É possível provar que esse raciocínio não procede. É possível demonstrar, e muitos (inclusive eu mesmo) tentam fazer isso, que uma leitura "realista crítica" pode engajar-se em toda a crítica pós-moderna e ainda formular uma defesa bem fundamentada do entendimento verdadeiramente histórico. Expliquei isso em detalhes na parte 2 do livro *The New Testament and the People of God* [O Novo Testamento e o povo de Deus] (SPCK, 1992). Temos de ouvir as perguntas e trabalhar as respostas, evitando simplesmente devolver essas perguntas, como que ignorando sua existência, ou nos intimidar diante de seu desafio. A discussão acadêmica histórica verdadeira ainda é a ferramenta adequada para trabalhar com vistas a descobrir de forma mais precisa o que os escritores bíblicos queriam dizer. É um fato que temos acesso ao passado, mas reconhecemos que só podemos vê-lo com nossos próprios olhos, os quais são condicionados culturalmente para observar algumas coisas e ignorar outras. No entanto, nossos olhos têm a capacidade de observá-las, e, desde que mantenhamos diálogo aberto com as outras pessoas que possuem outras perspectivas, temos uma chance real, não ilusória, de descobrir mais ou menos o que realmente aconteceu. É possível dizer de forma categórica que algumas leituras dos textos antigos são historicamente preferíveis a outras. (Logo, por exemplo, existem meios sérios e não simplesmente subjetivos de determinar que um livro que afirma que o evangelho de Marcos fala sobre como sair do alcoolismo — sim, esse livro realmente existe — não é tão fiel ao texto quanto um que posiciona a obra de uma nova maneira dentro das lutas judaicas e romanas de sua época, e a partir daí tenta

LEITURAS EQUIVOCADAS DAS ESCRITURAS

entender o mundo atual da religião e do império, abordando-o com o mesmo evangelho.) A história verdadeira é viável, os historiadores verdadeiros fazem isso todo dia. As leituras genuínas, renovadas e históricas da Bíblia, calibradas com rigor pelos cânones do trabalho histórico verdadeiro podem trazer, e com certeza acabam trazendo, novas percepções.

Entretanto, dizer isso não nos leva a nos rendermos à ideologia do Iluminismo, como muitos se precipitam em sugerir. Não devemos abandonar a arte da construção só porque todos os construtores de um período em particular usaram projetos e materiais inadequados. A história — tanto "o que aconteceu no passado" como "o nosso estudo do que aconteceu no passado" — faz parte do mundo que pertence a Deus, que deve ser investigado com as ferramentas adequadas. A história verdadeira precisa ser integrada à teologia real, que, por sua vez (por causa da encarnação), reforçará a urgência e o valor da tarefa dos historiadores. Somente se, por esse meio, soubermos trabalhar todo o percurso e chegarmos a um final digno nos debates teológicos da atualidade é que esperaremos ser mais claros e mais decididos, e somente dessa maneira é que poderemos dizer que vivemos de acordo com as escrituras, ou que estamos debaixo de sua autoridade. Felizmente, como a análise que desenvolvemos tentou indicar, tanto as polarizações do modernismo como as do pós-modernismo podem ser pesadas na balança das escrituras, da tradição cristã e da razão, e serem achadas em falta. A solução para esses dois tipos de leitura equivocados — e a maneira de sobreviver à crítica pós-moderna e chegar ao outro lado — é complexa e urgente. Esse é o assunto do próximo capítulo.

COMO VOLTAR AO DEBATE

Precisamos urgentemente de uma visão *integrada* da expressão densa e complexa "a autoridade das escrituras". Essa visão precisa destacar o papel do Espírito Santo como agente poderoso e transformador, além de ter como foco principal o objetivo do Reino de Deus, inaugurado por Jesus na terra assim como no céu, e que um dia será concretizado sob essa mesma rubrica. Essa visão precisa contemplar a igreja como um povo identificado por ouvir as escrituras em espírito de oração, na essência de sua vida, para refletir apaixonada e constantemente sobre elas, obedecer-lhes de forma humilde e proclamá-las poderosamente, em especial nos ministérios de seus líderes autorizados. As seções seguintes trazem sugestões sobre esse tema.

DEUS, AS ESCRITURAS E A MISSÃO DA IGREJA

Todo o meu argumento até agora leva à seguinte conclusão importante: a expressão resumida "a autoridade das escrituras", quando é destrinchada, apresenta o retrato do plano soberano e salvador de Deus para todo o cosmos, inaugurado de forma radical pelo próprio Jesus, e que agora deve ser implementado pela vida da igreja guiada pelo Espírito Santo *precisamente como uma comunidade leitora da Bíblia*. Resume-se como "leitura" na frase anterior todo um conjunto de tarefas que explicaremos mais adiante, mas minha ênfase é que só descobrimos o formato e a vida interior da igreja depois de identificarmos sua missão, e só descobrimos essa missão quando observamos o propósito de Deus para todo o mundo, conforme está indicado, por exemplo, nos seguintes capítulos: Gênesis 1—2; Isaías 40—55; Romanos 8; 1Coríntios 15; Efésios 1 e Apocalipse 21—22. Lemos a Bíblia para refrescar nossa memória e entender a narrativa da qual participamos, para recordar onde ela surgiu e para onde vai, para que compreendamos qual é nossa parte dentro dela.

Isso significa que "a autoridade das escrituras" é aplicada de uma forma mais verdadeira quando a igreja age no mundo para anunciar o evangelho, as boas-novas de que Jesus Cristo, o Deus vivo, venceu os poderes do mal e iniciou a obra da nova criação. É com a Bíblia na mão, na mente e no coração — não simplesmente com o jornal e o modismo ou o esquema político mais recente — que a igreja pode agir no mundo, confiante de que o Senhor é Jesus, não César. A sabedoria recomendada pelas próprias escrituras (e.g., Colossenses 4:5-6; 1Pedro 3:15) sugere que não faremos esta obra no mundo simplesmente informando às pessoas o que a Bíblia diz. No poder e na sabedoria do Espírito Santo, podemos entender de tal maneira as prioridades do evangelho e o modo pelo qual trabalham para destruir fortalezas (2Coríntios 10:3-6) que articulamos para nós mesmos, abordando contextos e cenários específicos, o desafio do Deus que ama tanto o mundo que busca resgatá-lo da insensatez, da opressão e da impiedade. Logo, a autoridade das escrituras é vista de forma mais eficaz na formação da mente da igreja, e no reforço de nosso compromisso, enquanto lutamos para aplicar a ressurreição de Jesus, antecipando, desse modo, o dia em que Deus fará novas todas as coisas, e a justiça, a alegria e a paz triunfarão (Efésios 1:3-23).

Nesse contexto, as escrituras desempenham um papel mais específico com relação ao desafio do evangelho a cada pessoa em particular. O evangelho por meio do qual os indivíduos chegam à fé pessoal, e, desse modo, a uma transformação radical de vida que é relatada frequentemente no Novo Testamento, é a personalização do desafio maior que acabamos de mencionar: o chamado a todas as crianças, homens e mulheres para se submeter pela fé ao senhorio do Jesus crucificado e ressuscitado, para passar a ser, pelo batismo e por fazer parte do corpo de Cristo, uma amostra viva e um adiantamento vibrante da própria nova criação definitiva (veja Gálatas 6:15; 2Coríntios 5:17). O poder de Deus, que age por meio da mensagem do evangelho para alcançar essa finalidade, é liberado frequentemente, como estudamos, pelo poder do Espírito Santo aliado à palavra falada ou escrita; e, por toda a história da missão cristã, essa palavra é normalmente a palavra das escrituras lida, pregada, explicada e aplicada. A "autoridade das escrituras" refere-se principalmente à obra de Deus *por meio* das escrituras para revelar Jesus, para falar com um poder transformador à mente e ao coração das pessoas, e transformá-los pelo amor curador do Espírito Santo. Embora isso também possa acontecer na situação hipotética da "ilha deserta", em que um indivíduo lê toda a Bíblia sozinho, isso acontece pela obra do povo de Deus, por aqueles que traduziram e publicaram a própria Bíblia (mesmo em uma ilha deserta, dependemos uns dos outros!) para aqueles que, como Filipe, que estava com o eunuco etíope em Atos 8, ajudaram as pessoas a entender isso e aplicar à sua própria vida.

Portanto, é desse modo que a "autoridade das escrituras" cumpre seu papel importante na obra do Reino de Deus em todos os níveis, desde o nível cósmico, passando pelo político até o pessoal. Somente quando essa autoridade toda é colocada em primeiro lugar é que podemos descobrir o sentido dessa expressão no que diz respeito a organizar a vida da igreja a fim de capacitá-la a ser agente da missão de Deus, e no que tange ao seu desafio, para que todos os cristãos vivam debaixo da autoridade de Deus em todas as áreas da vida.

Para que estudemos como isso funciona, temos de começar nossa abordagem observando o lugar permanente da tradição e da razão.

O LUGAR DA *TRADIÇÃO*: VIVER EM DIÁLOGO COM AS LEITURAS ANTERIORES

Como a igreja organiza a própria vida depois de reconhecer o papel das escrituras dentro da missão que Deus lhe concedeu no mundo, conforme explicamos na seção anterior? Passarei agora a descrever o mecanismo real de como a autoridade das escrituras (ou seja, a autoridade de Deus exercida por meio das escrituras) funciona na prática. Entretanto, a princípio, vale a pena refletir um pouco sobre o papel da tradição.

Dar atenção à tradição significa ouvir com cuidado (de forma humilde mas sem perder o senso crítico) a forma como a igreja interpretou e aplicou a Bíblia no passado. Temos de estar sempre conscientes de nossa responsabilidade na Comunhão dos Santos, tendo sempre o cuidado de não dar aos nossos honrados antecessores a palavra final, ou de recorrer a eles como uma "fonte alternativa" e independente da própria Bíblia. Quando eles falam de forma unânime, devemos ouvir com muito cuidado. Eles podem até estar errados, como acontece às vezes, porém é arriscado ignorá-los. No final das contas, o estudo da história da igreja não está dissociado de uma leitura cuidadosa das escrituras. Todos os períodos e todas as figuras principais em seu percurso deixaram sua marca nas leituras posteriores da Bíblia, e, se não tivermos noção disso, teremos, nesse particular, uma capacidade menor de entender o motivo pelo qual "naturalmente" lemos o texto dessa ou daquela maneira.

O processo de convívio com a tradição, e da leitura bíblica tendo consciência dela, começa bem cedo no contexto da igreja primitiva. Logo que alguém disse: "Cristo morreu pelos nossos pecados, segundo as escrituras" (e, segundo Lucas 24, o próprio Jesus disse algo bem parecido com isso), aqueles que ouviram e refletiram sobre essa afirmação foram levados a ler as escrituras de acordo com essa nova proclamação. Paulo falava de vez em quando sobre as tradições bem primitivas que ele teve o cuidado de transmitir (1Coríntios 11:23; 1Tessalonicenses 4:1). Nas gerações posteriores, as pessoas que formularam o Credo dos Apóstolos, e depois o grande Credo de Niceno no século 4 e seu desenvolvimento em Constantinopla, estavam trazendo uma estrutura, um padrão, um modelo de como ler a Bíblia. Não é um modelo completo ou totalmente adequado; não faz menção do que é fundamental nos próprios evangelhos — ou seja, a proclamação de Jesus e a inauguração do Reino de Deus (a menos que consideremos a frase "e o seu reino não terá fim"). Entretanto, a igreja sempre o reconheceu como um resumo rico e multifacetado do que os cristãos vieram a acreditar ao refletir sobre as escrituras e com a espécie de obediência grata a Deus que constitui a vida cristã normal.

Ao observar nosso passado bem mais recente, é importante que os cristãos atuais estejam cientes da tradição ou das tradições nas quais se baseiam. Cada tradição apresenta muitas características pelas quais quem as adota deve ser grato. Nenhuma delas é completa em si mesma — inclusive aquelas que têm o orgulho de ser "bíblicas", conforme venho afirmando. Um modo de avaliar quão valiosa ou quão incompleta uma tradição pode ser consiste em discernir até que ponto cada tradição convive bem com a leitura pública e com o estudo pessoal das escrituras, sem recorrer a leituras seletivas ou a truques exegéticos. Esse é exatamente o lugar em que a função adequada da exegese histórica (em contraste com o uso impróprio de tentar destruir toda a fé cristã) deve ser sentida cada vez mais. O desafio de dialogar constantemente com a tradição não trata tanto, como em alguns entendimentos católicos oficiais, de que se deve deixar as escrituras e a tradição fluírem diretamente juntas em uma única corrente, mas que se deve permitir que essa tradição seja como é, ou seja, a viva voz da igreja em sua caminhada bem humana, buscando entender as escrituras, lendo às vezes de forma equivocada e, outras vezes, acertando gloriosamente. Essa é a razão pela qual o desafio sempre se renova a cada geração. As tradições nos dizem de onde viemos. A própria Bíblia é um guia melhor para nos apontar o alvo rumo ao qual devemos caminhar.

O LUGAR DA *RAZÃO*: PRESTAR ATENÇÃO AO CONTEXTO, AO SENTIDO E AO CONHECIMENTO MAIS AMPLO DE TODO TIPO

De modo parecido, a *razão* consiste em descartar leituras simplesmente arbitrárias ou caprichosas e prestar atenção nas considerações gramaticais, contextuais e históricas. Ela proporciona uma verificação sobre leituras imaginativas descontroladas de textos (e.g., a proposta de que Jesus, na verdade, era um maçom egípcio — uma proposta encaminhada de forma solene por uma obra pseudoacadêmica recente. Ela precisa de premissas que a justifiquem. Com certeza, a questão sobre os critérios para que algo "faça sentido" e a questão sobre quem detém a racionalidade a ser adotada continuarão sem resposta, mas isso não a ponto de inutilizar toda essa discussão. Trata-se de dar atenção ao nosso próprio contexto e aos preconceitos que lhe são inerentes. É por isso que os estudos e os debates, em vez de disputas barulhentas, constituem uma exigência urgente. Gasta-se saliva demais em pontos controvertidos que nada mais são do que figuras de retórica como uma estratégia de tirar as peças do adversário antes de o jogo começar.

A razão consistirá em dar atenção, e celebrar, as descobertas maciças e múltiplas da biologia, da arqueologia, da física, da astronomia, entre outras ciências que esclarecem muitas coisas sobre o mundo que pertence a Deus e sobre a condição humana. Com certeza, isso não nos leva a ceder à pressão que vem da ciência ateia e racionalista. Nunca podemos nos esquecer de que a ciência, por definição, estuda o que se pode repetir, enquanto a história, por definição, estuda aquilo que é "irrepetível". Nem mesmo a "razão" pode ser misturada com "os resultados da ciência moderna", como se houvesse uma rota direta, uma espécie de teologia natural, a partir da qual podemos encontrar no tubo de ensaio o que temos de dizer sobre Deus e o seu Reino. A "razão" se parece mais com as leis de harmonia e contraponto: não consegue compor nenhuma música, mas forma a linguagem dentro da qual as músicas criam um sentido poderoso.

Em meio a tudo isso, a "razão" não constituirá uma fonte alternativa ou independente das escrituras ou da tradição, mas, sim, um complemento necessário, uma ferramenta fundamental para garantir que estamos ouvindo as escrituras e a tradição de fato, em vez do eco de nossas próprias vozes. Trata-se também de uma maneira essencial de garantir que estamos ouvindo uns aos outros, lembrando-nos de que vivemos juntos em um mundo criado e sustentado pelo Deus que conhecemos em Jesus Cristo. O discurso coerente faz parte do estilo de vida alternativo que Deus propõe, em contraste com um estilo de violência e confusão. Quem sabe essa seja pelo menos parte da razão pela qual Paulo fala sobre a transformação do nosso ser pela renovação da nossa mente (Romanos 12:2), algo totalmente diferente do conformismo com nosso presente século, no que diz respeito ao "nosso culto racional". Tudo isso é necessário em todo lugar, inclusive no estudo da Bíblia.

O DESENVOLVIMENTO DE UMA VISÃO MULTIFACETADA: O MODELO EM CINCO ATOS

Precisamos, de forma mais específica, de uma *visão multifacetada* das escrituras que corresponda à visão que discernimos entre os cristãos primitivos (veja nas páginas 75-79). Temos de reconhecer a importância fundamental do gênero, do cenário, do estilo literário, entre outras variáveis semelhantes, e do impacto extremamente importante que esses fatores causam no modo como lemos os textos mais relevantes. De modo mais significativo, temos de entender as diferenças fundamentais entre o Antigo e o Novo Testamento, a razão pela qual existem e qual o significado delas, descartando os equívocos. Se todas essas questões forem ignoradas, recaímos no debate infrutífero entre pessoas que respondem: "Isso mesmo! Além disso, a Bíblia também diz que se devem apedrejar os adúlteros e que você não deve usar roupas com dois tipos de tecido". Precisamos passar urgentemente por esse obstáculo desnecessário em direção a um engajamento mais profundo.

É nesse ponto que entra a minha proposta de hermenêutica como uma peça em "cinco atos" (que está no capítulo 5 do livro *The New Testament and the People of God* [O Novo Testamento e o povo de Deus]). Como expliquei bem detalhadamente nesse livro, a própria Bíblia consiste em um modelo para sua própria leitura, que inclui o conhecimento de que fazemos parte dessa peça e do que é adequado para cada um desses atos, que são os seguintes: criação, "queda", Israel, Jesus e a igreja. Esses são os estágios diferenciados na narrativa divina apresentados pela Bíblia.

Quero inicialmente observar três coisas sobre esse modelo:

1. Outras pessoas desenvolveram esse modelo de modo diferente. Já que se trata apenas de um modelo, eu abro a possibilidade de adotar essas mudanças, mas permaneço seguindo esse modelo original para cumprir os propósitos deste livro.
2. Alegro-me em reconhecer que o cenário final da visão do Novo Testamento acerca do futuro, do qual temos uma amostra na parte final do livro do Apocalipse, parece indicar o começo de uma peça completamente nova, pronta para se iniciar logo depois que a atual termine.
3. Outro reconhecimento bem espontâneo que faço é que esse modelo destaca mais a "queda" do que muitos escritores bíblicos; porém, sem gastar muito tempo para defender a razão disso no momento, gostaria de enfatizar que a narrativa de Gênesis 3 se encontra nos bastidores de uma porção significativa do Novo Testamento, e não estou me referindo somente às cartas de Paulo. Embora os judeus do primeiro século tenham desenvolvido várias teorias sobre a origem do mal, o parecer geral de uma criação corrompida é bastante difundido e comprovadamente demonstrado de forma geral no cristianismo primitivo.

A adoção ou não desse esquema de interpretação em particular é fundamental para que possamos entender as escrituras e nossa relação com elas como um tipo de narrativa abrangente que dá sentido aos textos. Não se pode limitar a Bíblia por um lado a um conjunto de "verdades eternas" ou a uma simples inspiração devocional por outro, sem se tornar profundamente desonesto com a própria escritura em nível estrutural.

Dentro do esquema que proponho, estamos vivendo atualmente no quinto ato, na era da igreja. Esse ato começou na Páscoa e no Pentecoste; suas cenas iniciais se deram no próprio período apostólico, sua carta de intenções é o Novo Testamento e seu propósito, a cena que o encerra, é retratada claramente em passagens como Romanos 8, 1Coríntios 15 e Apocalipse 21—22. A ideia principal de todo o modelo, que se constitui no âmago da visão multifacetada de como funciona "a autoridade das escrituras", é a seguinte: aqueles que vivem nesse quinto ato cultivam uma relação ambígua com os quatro atos anteriores, e não porque sejam desleais a eles, mas justamente por serem fiéis a eles como parte da narrativa. Se alguém no quinto ato de *Bem está o que bem acaba* começasse a repetir as falas dos atos anteriores, em vez de encenar o próprio ato em que se encontra, acabaria estragando todo o espetáculo. Temos de agir de forma adequada ao momento presente da narrativa; isso se encaixará diretamente com as partes anteriores (não cabe a nós pular repentinamente para outra narrativa ou para outra peça), sempre lembrando que a continuidade direta com relação aos atos anteriores também supõe alguma descontinuidade, um momento em que se passam coisas novas, como deve ser. Temos de defender com unhas e dentes o que se passou e estar sempre abertos ao que virá em seguida.

Portanto, por exemplo:

1. Não dá para fingir que vivemos em uma situação paradisíaca, em um mundo em que o mal não está presente; logo, não podemos passar diretamente pelo discurso da "maneira como as coisas são" para a "maneira como as coisas devem ser". A princípio, devemos partir da explicação de como as coisas costumavam ser (ou seja, em Gênesis 1—2) para o modo como as coisas deveriam ser.

No entanto, isso é difícil na prática, tanto porque Gênesis 1—2 são capítulos breves e estilizados como porque não se promete que a redenção, quando chegar, será um retorno ao Éden, mas, sim, um encaminhamento para a nova criação, que não implica um retorno às coisas como eram antes, mas sua transformação e o estabelecimento de uma nova realidade.

2. Não dá para imaginar que estamos vivendo em um mundo sem redenção; portanto, não podemos afirmar que o mal que todos nós conhecemos é onipresente, nem que é todo-poderoso no mundo atual e que nada pode ser feito para coibir isso.

3. Nós não fazemos parte do Israel do tempo antes de Cristo; portanto — só para citar um exemplo entre muitos —, não se deve reconstruir o Templo de Jerusalém, nem oferecer sacrifícios nele.

4. Nós não vivemos mais na época do ministério público de Jesus e não podemos supor que, por exemplo, as proibições temporárias de pregar o evangelho a quem não é judeu (Mateus 10:5-6) se aplicam a nós. (Pode-se dizer que a proibição é temporária porque ela é claramente revogada depois da ressurreição em 28:19. Nem todos os casos são tão fáceis assim, como percebemos nas dificuldades que Paulo tinha com a lei judaica, mas geralmente podemos apurar alguma pista no texto.)

Um bom modo de explicar é o seguinte: quando lemos Gênesis 1—2, interpretamos como o primeiro ato de uma peça que estamos vivendo em seu quinto ato. Quando lemos Gênesis 3—11, lemos como o segundo ato dessa mesma peça, e quando lemos toda a história de Israel, de Abraão ao Messias (como Paulo esquematiza em Gálatas 3 ou Romanos 4), interpretamos como o terceiro ato. Ao lermos a história de Jesus, deparamos com o ponto culminante e decisivo que constitui o quarto ato, que não trata da era que vivemos — nós não estamos seguindo Jesus enquanto andava pela Palestina, nem observando enquanto ele curava, pregava e festejava com os excluídos, e refletindo sobre seus planos para a viagem final a Jerusalém —, mas que, obviamente, continua sendo a base sobre a qual se firma o quinto ato do qual participamos. Certamente, uma tarefa importante do quinto ato já é, por si só, contar a história de Jesus como o auge da história de Israel e o ponto focal da narrativa do drama redentor do criador com esse mundo, razão pela qual a tradição oral da narrativa sobre Jesus e a escrita posterior dos evangelhos canônicos precisamente nesse tom foram, e permanecem sendo, um dos grandes momentos que iniciaram esse ato.

Portanto, a vida no quinto ato consiste em ter tudo isso como uma premissa e ter a consciência de viver como o povo para quem a narrativa em questão está se encaminhando para seu final. Quando chegarmos lá, do mesmo modo que não haverá mais nenhum templo, não existirá sacramento algum. Ouso dizer também que não haverá o tipo de oração que conhecemos no presente — porque tudo será envolvido pela presença imediata e o amor de Deus —, portanto não haverá mais necessidade de ler as escrituras, e não porque a Bíblia terá deixado de ser importante, mas porque passará a ser um mapa para um destino ao qual já chegamos. Essa é a ideia que menciono de passagem no parágrafo final deste livro.

Isso quer dizer que nossa relação com o Novo Testamento — um ponto de vital importância em muitos estudos atuais — não é a mesma que temos com o Antigo, e que podemos dizer isso sem renunciar ao nosso compromisso com a primeira parte da Bíblia como parte fundamental e inegociável da "sagrada escritura". O Novo Testamento é a carta de intenções básica do quinto ato. Não houve nenhuma mudança na trama de Deus com o mundo (apesar das várias alterações na cultura humana) entre a época dos apóstolos e evangelistas e a nossa; não aconteceu nada parecido com as duas grandes mudanças (ocorridas do terceiro para o quarto ato, e do quarto para o quinto) entre a época deles e o tempo da Torá, dos profetas e dos hagiógrafos. Reconhecendo o fato de que os escritores do Novo Testamento não foram levianos (apesar das afirmações posteriores) em seu estudo do Antigo Testamento (páginas 75-79), concordamos com o modo de agir deles, que foi diferente de seus antecessores canônicos.

Todos nós que nos consideramos cristãos temos de nos dedicar de forma integral a contar a história de Jesus, tanto como auge da narrativa de Israel quanto como base de nossa própria narrativa. Reconhecemos que somos sucessores diretos das igrejas de Corinto, de Éfeso e de todas as outras, e que precisamos prestar atenção no que foi dito a elas como se tivesse sido dito a nós. Não dá para relativizar as epístolas destacando o lapso temporal que se passou entre a data de sua composição e o nosso tempo ou mesmo sugerindo que alguma mudança catastrófica nesse ínterim fez com que elas se tornassem irrelevantes ou até mesmo enganosas. É essencial que o discipulado cristão autêntico veja o Novo Testamento como fundacional para o quinto ato, que está em andamento e cujo final ainda está em aberto, e reconheça que ele não pode ser substituído nem complementado. Esse ato continua, mas não renunciamos à primeira cena, porque ela continua a ser o padrão pelo qual todas as improvisações das cenas posteriores devem ser julgadas. É isso que significa para a igreja viver debaixo da autoridade das escrituras — ou, melhor dizendo, como venho destacando ao longo de toda esta obra, debaixo da autoridade de Deus mediada pelas escrituras.

O Novo Testamento nos traz algumas amostras de como a história terminará: não será com a nossa "ida ao céu", como em muitos hinos e orações, mas com a nova criação. Nossa tarefa é descobrir o modo adequado de improvisar o roteiro por meio do Espírito Santo e da oração, tendo em vista, por um lado, os acontecimentos que lhe deram origem e sua carta de intenções, e por outro a chegada completa do Reino de Deus. Quando conseguimos entender essa estrutura, as outras coisas começarão a se encaixar.

A noção de "improvisação" é importante, mas é confundida em alguns momentos. Como todos os músicos sabem, o improviso nunca dá a entender um "vale-tudo", mas indica exatamente um ouvir disciplinado e cuidadoso a todas as outras vozes à nossa volta, e uma atenção constante ao tema, ao ritmo e à harmonia de toda a performance, que somos convocados a dar continuidade. Com certeza, ao mesmo tempo, ela nos convida a usar expressões criativas, desde que se obedeça completamente à música tocada até aquele instante e se dê atenção completa às vozes ao nosso redor, contanto que acabem conduzindo à resolução final que aparece no Novo Testamento como objetivo, que é a nova criação em toda a sua plenitude, a qual foi antecipada pela ressurreição de Cristo. São esses critérios, que consistem na música que foi executada até o momento, nas vozes ao nosso redor e na harmonia multifacetada do novo mundo que pertence a Deus, que, quando considerados em conjunto, se constituem os parâmetros para improvisar de forma adequada a leitura das escrituras, a proclamação e a aplicação do evangelho que faz parte delas. Todos os cristãos em todas as igrejas têm a liberdade de improvisar suas próprias variantes, que visam trazer algum modo de dar andamento à música. Nenhum cristão nem igreja alguma têm a liberdade de desafinar. Retomando a metáfora do teatro: todos os atores e todas as companhias itinerantes de que eles participam (ou seja, suas igrejas locais) são livres para improvisar suas próximas cenas. Nenhum ator ou companhia tem a liberdade de improvisar cenas de outra peça ou de uma peça que tem outro final. Se conseguirmos compreender isso, estaremos no caminho de uma vida saudável e de respeito mútuo sob a autoridade das escrituras.

ESTRATÉGIAS PARA HONRAR A AUTORIDADE DAS ESCRITURAS

Como podemos garantir que nossos entendimentos e "improvisações" das escrituras facilitam a obra do Espírito Santo dentro de nós e por nosso intermédio como indivíduos, congregações e de forma mais ampla na igreja? Temos uma segurança maior por meio de uma leitura das escrituras, que é: (a) totalmente contextual, (b) baseada na liturgia, (c) estudada pessoalmente, (d) informada pelos estudos acadêmicos adequados e (e) ensinada pelos líderes reconhecidos pela igreja.

Portanto, chegamos ao momento de propor maneiras pelas quais a autoridade das escrituras — ou seja, a autoridade de Deus que é exercida por meio delas — pode ser a força propulsora adequada dentro do povo de Deus para cumprir sua missão (páginas 143-145) e para a organizar sua vida de maneira apropriada.

Uma leitura da Bíblia totalmente contextual

Temos de nos comprometer a fazer uma leitura *totalmente contextual* das escrituras. Cada palavra deve ser entendida dentro de seu próprio versículo, cada versículo em seu próprio capítulo, cada capítulo dentro de seu próprio livro, cada livro em seu contexto histórico, cultural e, de fato, canônico. (Com certeza, pode haver algum conflito entre o cenário histórico da passagem bíblica com o lugar que ocupa atualmente no cânon completo. Quando acontece algo assim, devem-se considerar as duas coisas.) Toda a Escritura é "culturalmente condicionada". Trata-se de uma ingenuidade fingir que algumas passagens fogem a essa regra e que possam ser consideradas "básicas" ou "universais", enquanto outras, por causa disso, possam ser descartadas com segurança. A doutrina da divindade de Jesus é culturalmente condicionada: como Paulo diz, a encarnação aconteceu "na plenitude do tempo" (Gálatas 4:4), e a cultura que poderia compreender esses acontecimentos inéditos com certeza é parte integrante dessa plenitude. A doutrina da justificação pela fé é culturalmente condicionada: esse conceito somente poderia ser formulado dentro de um mundo que já está acostumado com os conceitos da justiça de Deus, da lei judaica e das promessas feitas a Abraão. Temos de ler a Bíblia com um entendimento claro e completo desses contextos sempre que possível.

Esse processo consiste em uma tarefa enorme, até mesmo cansativa. Felizmente, nunca tivemos tantos recursos disponíveis para nos ajudar nessa tarefa. Como muitos já destacaram, é igualmente importante que cheguemos a entender e observar isso em nós mesmos, na maneira como isso nos predispõe a destacar algumas coisas na Bíblia e a ignorar silenciosamente outras. Já tive a oportunidade de falar sobre isso quando estava refletindo sobre nosso contexto cultural atual (veja o capítulo 5) e sobre nossa tradição (páginas 146-147).

Essa leitura contextual das escrituras é um projeto que nunca termina. Sem dúvida alguma, não dá para sondar as riquezas inesgotáveis do texto de forma completa, portanto sempre temos uma dívida de gratidão com os avanços da lexicografia, da arqueologia e de todos os outros estudos que ajudam a descobrir coisas novas. (Isso não quer dizer que nunca conseguiremos chegar a respostas boas às perguntas difíceis. Um maior aprofundamento nos estudos acadêmicos não nos levará, por exemplo, a questionar as duas doutrinas que acabei de mencionar: a divindade de Jesus e a justificação pela fé — mas, sim, a entendê-las melhor.) De modo parecido, até nós mesmos somos tão diferentes uns dos outros, tanto de forma individual quanto de forma global, e, de fato, tão diferentes das pessoas que éramos há alguns anos, que é importante sempre reavaliar nossas leituras e entendimentos, beneficiando-nos do desenvolvimento dos estudos e da observação das novas descobertas que surgem para que, finalmente, possamos assimilá-las. Uma leitura adequadamente contextual das escrituras celebrará a diversidade rica do material canônico, resistindo às tentativas de nivelá-las em uma uniformidade monocromática, embora ao mesmo tempo sempre busque a unidade abrangente segundo a qual os destaques diferentes sejam harmonizados. Recorrer ao todo em vez de insistir em algumas partes (algumas pessoas recomendam ler a Bíblia como se bebe cerveja, não devagar, como se estivesse bebericando vinho) pode ser um conselho necessário para evitar um ângulo ou foco de visão distorcido, mas também pode ser uma desculpa para evitar as partes que não se encaixam em uma proposta de cenário maior que o intérprete deseja promover.

Essa leitura contextual é, na verdade, uma leitura *encarnacional* das escrituras, dando atenção à plena humanidade tanto do texto como de seus leitores. Ela deve ser feita na oração de que a "divindade" — a "inspiração" das escrituras e o poder do Espírito Santo que age em meio à igreja que lê a Bíblia — seja descoberta de uma nova forma depois desse processo. Com muita frequência, os conflitos antigos com relação à encarnação de Cristo se refletem nos debates sobre a natureza das escrituras, com os "conservadores" destacando a divindade e os "liberais" ou "radicais" destacando a humanidade. (Eu sei que a comparação entre a Bíblia e a pessoa de Jesus não é exata, e que algumas pessoas têm tido bastante dificuldade com ela; acho que ela não perde sua utilidade, desde que seja vista *como uma analogia*, não rigorosamente como uma via de mão dupla.) A ortodoxia verdadeira precisa das duas, e de seu relacionamento mútuo adequado.

Uma leitura das escrituras com foco na liturgia

A primeira situação em que a igreja ouve as escrituras é durante o culto coletivo. (Abordarei também a leitura individual, mas acredito que a adoração coletiva seja mais fundamental.) Esse culto deriva diretamente da leitura pública da lei feita por Esdras, da leitura que o próprio Jesus fez de Isaías na sinagoga de Nazaré e da leitura das cartas de Paulo diante da igreja reunida, entre outras referências. Independentemente de quanto sejamos diferentes no aspecto pessoal, contextual, ou segundo outros critérios, nosso momento de ler as escrituras costuma acontecer em comunhão com outros cristãos no decorrer do tempo e do espaço. Isso quer dizer, por exemplo, que temos de trabalhar de modo a garantir a leitura das escrituras de forma adequada em público, com sistemas apropriados para escolher o que ler e o treinamento adequado para garantir que aqueles que leem a Bíblia recebam o máximo de edificação. Já que a escritura foi criada para ser uma força que impulsiona a igreja, é fundamental que a leitura pública das escrituras não se degenere no que se pode chamar de "som de fundo", um ruído agradável e um tanto religioso que serve de trilha sonora enquanto a mente está longe.

Isso também indica que, em nosso culto público, seja qual for nossa tradição, precisamos garantir que a leitura das escrituras seja colocada em um lugar central. De acordo com minha tradição, que é a Comunhão Anglicana, o culto regular de oração matutina ou noturna consiste em uma "vitrine das escrituras" de várias maneiras. Ou seja, trata as escrituras (por meio da oração, da música e da leitura responsiva) como uma grande obra de arte: prepara-nos para elas, capacita-nos a apreciá-la em sua plenitude e nos dá uma oportunidade de meditar um pouco mais sobre elas. A leitura pública das escrituras não é realizada somente para ensinar às pessoas seu conteúdo, embora esse seja um resultado desejável. (A palavra "preleção" nesse contexto significa "leitura", não "ensino"; seu sentido moderno destaca uma acepção incorreta.)

Além disso, no culto público em que a leitura das escrituras recebe o seu devido lugar, a autoridade de Deus propõe um desafio direto à autoridade dos poderes atuais, principalmente àqueles que dominam os meios de comunicação, ao formar a mente e a vida da comunidade. Entretanto, o propósito principal da leitura é o de ser, por si só, um ato de adoração, celebrando a narrativa de Deus, seu poder e sua sabedoria e, acima de tudo, seu filho. Esse é o tipo de adoração por meio do qual a igreja é renovada à imagem de Deus, e, portanto, transformada e orientada em sua missão. A Bíblia é o meio principal pelo qual o Deus vivo guia e fortalece seu povo em meio à sua obra e para sua obra. Como venho defendendo por todo este livro, esse é realmente o sentido profundo da expressão resumida "a autoridade das escrituras".

Na verdade, o que se faz nos cultos clássicos de oração matutina e noturna, quando se faz uma leitura pública do Novo Testamento, é *contar toda a narrativa do Antigo e do Novo Testamento*, em um olhar rápido do horizonte amplo da narrativa bíblica pelas duas janelinhas das leituras curtas. Limitá-las a uma preleção, ou simplesmente a uma leitura curta, ou mesmo situá-las como um prelúdio à pregação (até mesmo antes de meia hora ou mais de "cânticos de adoração"), equivale a prejudicar ou desconstruir esse momento, além de potencialmente reduzir o poder e o significado das escrituras dentro desse contexto a um simples compartilhamento de informações, a uma espécie de instrução ou de exortação. Igualmente, fazer uma leitura que leva cerca de um minuto e meio, acompanhada de cânticos que duram cinco ou dez minutos (que é a praxe em um culto no "estilo catedral"), causa a mesma impressão de um copo de cristal brilhante e magnífico no qual foi derramada apenas uma pequena gota de vinho nele. O cristal é importante, mas é o vinho que realmente interessa. Os sistemas pelos quais as leituras são escolhidas (chamados de "lecionários" em algumas tradições) têm de ser organizados de modo que os adoradores cristãos tenham o maior contato possível com a *totalidade* das escrituras, principalmente do Novo Testamento, com uma frequência regular.

Há uma tendência em alguns círculos, que, sem dúvida, vem de um desejo de evitar que os cultos durem muito, de reduzir o tempo das leituras — e usar isso como desculpa para cortar partes que podem não servir como o tipo de ruído de fundo com o qual as pessoas estão acostumadas, mas que podem despertá-las para escutar com uma atenção maior. Muitos debates dentro da igreja têm sido seriamente prejudicados porque existem partes do texto básico — um versículo aqui, um capítulo ali — que têm sido descartadas de forma secreta da vida pública da igreja. Simplesmente não há desculpa para abandonar versículos, parágrafos ou capítulos, principalmente do Novo Testamento. Aconselho que não tentemos domesticar a Bíblia. Ela é nossa carta de intenções básica; não temos a liberdade de brincar com ela.

A pregação, que desde o início da vida da igreja foi vista principalmente como uma exposição ou uma reflexão sobre as escrituras, está intimamente relacionada com a leitura pública da Bíblia — mas preciso repetir que isso não quer dizer que as escrituras sejam lidas somente para embasar as pregações, ou que só existe um estilo de pregação bíblica. De fato, esse é um dos pontos em que o "quinto ato" é diferente dos outros. Quando a Bíblia é lida exatamente do modo como descrevi, todos os tipos de oportunidades surgirão para que sempre se tragam palavras novas, esclarecendo as passagens que são ouvidas e harmonizando-se com elas, além de ter seu auge na sugestão de quais sentidos devem ser guardados para os dias de hoje e para o resto da vida.

Por fim, com certeza, a leitura das escrituras durante a Ceia do Senhor, bem no ponto central da vida da igreja, do testemunho e da adoração, é a coisa principal que forma o povo de Deus como tal, quando se reúne para "proclamar a morte do Senhor até que ele venha". Nesse contexto, torna-se uma parte fundamental da formação pessoal de cada participante individualmente. As escrituras formam o povo de Deus, fazendo arder seu coração do mesmo modo que os discípulos no caminho de Emaús, de modo que seus olhos pudessem ser abertos posteriormente para conhecê-lo no partir do pão.

Uma leitura das escrituras que inclui o estudo em particular

Para que tudo isso alcance o sentido profundo, transformador e promotor do Reino, é fundamental que o cristão comum leia, encontre e estude as escrituras em particular: seja em grupos, seja individualmente. A ideia da passagem famosa sobre a inspiração das escrituras em 2Timóteo 3:16-17 não foi tanto de dar às pessoas a crença certa *sobre* as escrituras, mas de incentivá-las ao estudo particular. O individualismo ocidental tem a tendência de destacar a leitura individual como o método principal, e a audição litúrgica como secundário, encorajando uma fragmentação do testemunho de toda a igreja incentivada pelo Iluminismo; ao inverter essa ordem, não foi meu propósito desvalorizar a leitura particular. O estudo em todos os níveis, acompanhado ou sozinho, faz parte do chamado contínuo da igreja para ouvir as escrituras no todo ou em parte com uma atenção maior. Na realidade, as escrituras constituem o meio fundamental pelo qual podemos crescer, como fomos ordenados, a amar a Deus com a nossa mente (pelo estudo) e com o nosso coração (pela leitura devocional). Elas fazem parte desse caminho complexo por meio do qual cada cristão é chamado simultaneamente para orar e adorar, guarnecido com novos entendimentos, desafiado por novas perguntas (e, portanto, estimulado para um estudo e um questionamento mais aprofundados) e capacitado para ocupar seu lugar na narrativa do povo de Deus que está em andamento enquanto se envolve em sua missão para o mundo. É exatamente esse o aspecto da autoridade das escrituras na prática, dia após dia, semana após semana, na vida do cristão comum — e *todos* os cristãos são cristãos comuns.

Existe um benefício importante nesse aspecto. Já que faz parte do privilégio e do dever de cada cristão estudar as escrituras e lê-las de forma devocional, é importante que se divulgue na igreja com uma frequência maior o que os leitores individuais estão aprendendo no texto. Com certeza, nem todas as leituras particulares trarão novas descobertas relevantes, mas muitas são de bom proveito. A igreja precisa facilitar essa divulgação para todo o corpo, por meio de grupos pequenos e por outros meios, a fim de que a comunidade possa ser edificada de forma mais geral e que as leituras arrogantes e claramente grotescas sejam corrigidas de maneira educada e apropriada.

Uma leitura da Bíblia renovada por estudos acadêmicos pertinentes

Os estudos bíblicos de nível superior são uma grande dádiva de Deus à igreja, ajudando-a em sua tarefa de se aprofundar cada vez mais no sentido das escrituras e, portanto, renovando-a e fortalecendo-a para as tarefas às quais somos chamados a desempenhar como participantes deste mundo e como pessoas que agem para promovê-la. Muitas igrejas, inclusive a minha, preservam o destaque dos reformadores sobre o "sentido literal" das escrituras, não no sentido de "levar tudo ao pé da letra", mas no sentido de "descobrir a intenção dos autores", desencorajando o envolvimento em especulações sem noção. Conforme já destaquei, o "sentido literal" de uma parábola envolve *reconhecê-la como* parábola, e não como uma crônica sobre algum assunto que realmente aconteceu. Descobrir o sentido original das escrituras é uma tarefa contínua, tanto para o especialista como para o pregador e para o leitor comum.

A academia bíblica precisa ter a liberdade de estudar sentidos diferentes. Essa não é somente a diretriz do estudioso moderno, de sempre propor novas teorias para obter alguma promoção ou cargo na universidade, mas também constitui uma necessidade básica para a igreja. Toda igreja, especialmente aquela que se orgulha de ser "bíblica", precisa cultivar uma abertura com relação aos novos entendimentos sobre a Bíblia. Essa é a única maneira de a igreja evitar ser levada para um lado ou para o outro pelos pensamentos da moda, ou de evitar cair na armadilha de suas próprias leituras parciais e de suas próprias tradições distorcidas, enquanto se ilude achando que tudo se trata de um relato completo e preciso do que "a Bíblia diz". Entretanto, ao mesmo tempo, os estudos bíblicos de nível superior devem servir à igreja e não ficar simplesmente torcendo o nariz diante de pontos de vista valiosos. Eles precisam ser fruto da lealdade à comunidade cristã ao longo do tempo e do espaço. Quando um estudioso cristão, ou qualquer teólogo, deseja propor um novo modo de encarar um tema bem conhecido, deve ter o senso de obrigação de explicar à comunidade, de forma mais ampla, o modo como esse novo ponto de vista edifica a missão e a vida da igreja, em vez de desenvolver uma postura ameaçadora.

Essa afirmação pode gerar protestos — boa parte deles simplesmente indicará que aqueles que reclamam ainda estão vivendo debaixo do paradigma modernista, fingindo uma "neutralidade independente" ilusória. Com certeza, a igreja se equivocou em alguns momentos e tentou exigir de seus estudiosos uma adesão a várias formas de palavras, a modos de divulgar as ideias, que também devem basear-se nas próprias escrituras. Na verdade, a "regra de fé" cristã não reprime o estudo acadêmico, mas provoca o especialista a expor essa regra com uma maior precisão e elegância que, por si só, já é uma tarefa digna. No entanto, aqueles que tentam fazer tudo sem critério acabam descobrindo, mais cedo ou mais tarde, que, quando se abandona uma estrutura de ideias, nunca se passa a viver num deserto, de forma totalmente desestruturada. Passa-se a adotar rapidamente outra estrutura, quem sabe algum esquema filosófico de pensamento. De modo parecido, aqueles que ignoram uma comunidade de discurso (como a igreja, por exemplo) passam a servir lealmente a outra (quem sabe alguma escola de pensamento, ou alguma dissidência de alguma ideologia sofisticada da época atual).

Por experiência própria, eu digo que a lealdade se encontra mais na prática do que costurando acordos por meio de declarações dogmáticas cada vez mais cuidadosas que refletem definições cada vez mais restritas dentro de uma tradição em particular. A Bíblia é um livro bem amplo, e a igreja deve ser uma comunidade abrangente o suficiente para desenvolver uma relação de confiança entre seus especialistas bíblicos e aqueles que se envolvem em muitas outras tarefas para as quais foram chamados. Reconhecemos que essa confiança foi posta à prova em inúmeras oportunidades nestas últimas gerações. Algumas vezes, o conflito entre a liberdade e a lealdade à comunidade torna-se insuportável. Alguns estudiosos deixaram a igreja ou desenvolveram teorias que pareciam zombar das coisas que a maioria dos cristãos valoriza. Muitos na igreja deram as costas ao estudo sério e adotaram um anti-intelectualismo que se recusa a aprender qualquer coisa das faculdades teológicas, para que não venha a corromper sua fé. Está na hora de resolver esse impasse e restabelecer uma hermenêutica de confiança (que se trata de um sinal de obediência ao evangelho!) em vez da hermenêutica da suspeita, que a igreja tomou de empréstimo do mundo pós-moderno. A estrutura que desenvolvi foi criada para facilitar uma reconciliação e uma integração entre os vários setores da vida da igreja.

Uma leitura da Bíblia ensinada pelos líderes autorizados pela igreja

Por fim, temos de incentivar e viabilizar uma leitura da Bíblia que seja *ensinada pelos líderes autorizados pela igreja*. (Na verdade, a palavra "líder" não é muito útil por várias razões, mas eu a uso nesse contexto para resumir vários ministérios relacionados em Efésios 4:11 e em outras passagens.) Isso inclui obviamente as pessoas envolvidas nos mais variados níveis de ministério, inclusive, por exemplo, quem cuida da escola bíblica e os líderes de pequenos grupos. Entretanto, segundo minha tradição, ela diz respeito aos bispos em particular; e quem sabe seja nesse nível que algumas coisas devam ser ditas.

Pode parecer óbvio que os líderes da igreja devam ensinar as escrituras, mas não é isso o que necessariamente acontece nos dias de hoje. Com muita frequência, os líderes oficiais das várias denominações estão tão envolvidos com tarefas burocráticas ou administrativas que, embora ainda preguem ou cheguem até mesmo a ministrar palestras, não propiciam à igreja o benefício de uma leitura da Bíblia renovada, cuidadosa e regada à oração, limitando-se a se basear em seus estudos de muitos anos e na inspiração do momento. Quando isso acontece, o problema não implica somente a perda de novas ideias sobre o texto, nem a reciclagem das ideias desgastadas; o perigo real é que os líderes de igreja venham a se *esquecer do real significado da "autoridade das escrituras" na prática*. Portanto, quando isso acontece, a maior probabilidade é que a autoridade não esteja desempenhando o papel devido.

Como afirmo neste livro, "a autoridade das escrituras" é realmente uma expressão abreviada de "a autoridade de Deus exercida mediante as escrituras" e a autoridade de Deus não trata simplesmente de seu direito de controlar e organizar a igreja, mas, sim, de seu poder soberano, exercido em Jesus e por meio dele e do Espírito Santo, para sujeitar todas as coisas que estão no céu e na terra ao seu governo que julga e que cura. (Efésios 1 apresenta isso de uma forma mais espetacular do que a maioria das outras passagens.) Em outras palavras, se quisermos ser fiéis, no nível mais profundo, ao que a autoridade bíblica realmente significa, temos de entendê-la da seguinte maneira: Deus opera, mediante as escrituras (em outras palavras, por meio do Espírito, que age enquanto as pessoas leem, estudam, ensinam e pregam as escrituras), para fortalecer, capacitar e orientar a missão contínua de alcance da igreja, antecipando de forma genuína por meio delas o momento em que tudo será renovado em Cristo. Ao mesmo tempo, Deus opera utilizando o mesmo meio para reorganizar a vida da igreja, e dos cristãos individualmente, para ser exemplo e concretizar seu projeto da nova criação com sua unidade e com a sua santidade. Ser líder da igreja, quase por definição, equivale a ser uma pessoa por meio da qual essa obra se realiza, capacitada e dirigida por esse poder baseado nas escrituras, e por meio da qual, por meio desse mesmo poder, geram-se e mantêm-se essa unidade e essa santidade.

Portanto, se aqueles que foram chamados para papéis administrativos e de liderança na igreja se contentarem somente em organizar e gerenciar as questões internas, passarão a deixar um vácuo exatamente onde deveria haver uma vida fértil e pulsante. É claro que os líderes cristãos precisam ser treinados e capacitados para a administração, para gerenciar a organização. A igreja não prosperará se agir de um modo amador e desastrado, esperando que a piedade e a boa vontade venham a compensar sua incompetência. Porém, o ministro cristão pode ter muito mais seriedade profissional no que tange a lidar com as escrituras e descobrir como elas o capacitam, seja na pregação, seja no ensino, na oração e no trabalho pastoral, a lidar com as imensas questões que nos confrontam na condição de sociedade e de indivíduos. Se conseguirmos ser profissionais em outros aspectos, devemos nos sentir envergonhados se não estivermos equipados adequadamente tanto para estudar a Bíblia sozinhos como para transmitir essa palavra renovada aos outros.

Portanto, o ensino e a pregação das escrituras continuam a ser a essência da vida da igreja, acompanhando e, ao mesmo tempo, se integrando à vida sacramental centralizada na Ceia do Senhor. (Este livro não fala sobre os sacramentos, mas, no caso de alguém suspeitar que eu privilegie a palavra à custa deles, permita-me indicar o meu livreto *The Meal Jesus Gave Us* [A refeição que Jesus nos deu] (Hodder & Stoughton, 2002.) O equilíbrio entre o que pode ser dito em uma pregação e o que deve ser dito em ensinos fora de um ambiente litúrgico, em momentos de instrução para adultos e assim por diante, vai variar de uma igreja para a outra e de um lugar para o outro. É justo dizer que as igrejas, em sua maioria, mesmo aquelas com programas educacionais bem desenvolvidos, precisam progredir muito em seu ensino das escrituras. É importante lembrar também aos pregadores que, do mesmo modo que alguns reformadores falavam de sacramentos como "palavras visíveis", as pregações devem ser consideradas "sacramentos audíveis". Elas não são feitas simplesmente para transmitir informações, embora isso seja importante em um mundo que sabe cada vez menos sobre a maioria das informações bíblicas e teológicas básicas. Elas não se resumem a exortações, nem servem para distrair. As pregações, portanto, devem ser um dos momentos na vida cristã normal em que há um encontro entre o céu e a terra. Tanto quem prega como quem ouve são desafiados a ser um povo que, pela obra do Espírito Santo, torne a Palavra de Deus perceptível pelo coração e pelos ouvidos. A pregação é uma maneira extremamente importante pela qual a autoridade pessoal de Deus, investida nas escrituras e efetivada pela obra do Espírito Santo, se cumpre na vida da igreja.

Quando estudamos o sentido dinâmico da "autoridade das escrituras", percebemos de uma maneira totalmente nova que a "autoridade" dos líderes autorizados pela igreja não pode restringir-se somente ou principalmente às *estruturas legais*, que são importantes, embora as estruturas da igreja e a lei canônica também tenham igual importância em suas atribuições; essa autoridade deve consistir, como acontecia no caso dos apóstolos, principalmente em uma questão de *proclamar a palavra no poder do Espírito Santo*. A igreja ocidental permitiu por várias gerações uma "separação de poderes" perigosa, segundo a qual as escrituras são ensinadas por professores universitários profissionais, enquanto a igreja é administrada por oficiais, que, salvo raras exceções, baseiam-se em entendimentos indiretos e cada vez mais obsoletos sobre as escrituras. (Isso não quer dizer que as últimas novidades nos estudos acadêmicos sempre sejam as melhores; se mais professores na igreja fossem formados nas obras de Lightfoot e Westcott, já estaríamos numa situação bem melhor!) Isso não só causa um grande empobrecimento, como também uma burocratização crescente que engessa a igreja, já que os líderes se dedicam a atividades paralelas, esperando realizar por meio de reuniões, papelada e restrições regulamentares o que deveriam alcançar por meio da pregação bíblica poderosa nutrida pela oração, pelo ensino e pelo trabalho pastoral. Como o professor Oliver O'Donovan disse enquanto pregava em uma consagração episcopal há pouco tempo:

> O bispo, embora seja investido de... poder legal, precisa ter a capacidade de recorrer a uma autoridade com raízes mais profundas do que qualquer poder regulamentar. Ele precisa de uma autoridade que venha direto da presença e do agir do Espírito Santo de Deus em nosso meio... Trata-se do exercício mais arriscado e mais sublime de autoridade, contudo é o que mais honra o caráter da igreja.

A igreja dos três primeiros séculos teria dificuldades em reconhecer os modelos de liderança cristã para os quais nós, pelo menos nas igrejas ocidentais modernas, parecemos ter escorregado sem que muita gente notasse. Nenhum desses modelos se encaixa em qualquer proposta, no sentido que for, do serviço "apostólico". Com certeza, os bispos e os outros líderes eclesiásticos não devem ser os únicos a ensinar. Um grupo de professores e instrutores excelentes em tempo integral continua a ser um recurso excelente. A formação precisa ser continuada em todos os níveis. Entretanto, se os bispos e os outros líderes da igreja não ensinarem as escrituras nem forem capazes de administrar a igreja fazendo dela a base em sua missão para o mundo e da organização da sua vida interior para refletir a unidade e a santidade de Deus, então "a autoridade das escrituras", nos sentidos analisados anteriormente, simplesmente não se encontra em atividade. As várias crises na igreja ocidental do nosso tempo — a queda em números e recursos, os dilemas morais, as divisões internas, o fracasso em apresentar o evangelho de um modo coerente a uma nova geração —, além de muitas outras, devem nos levar a orar para que as escrituras recebam novamente seu devido lugar de importância, para que aqueles que ensinam e pregam possam expor a Bíblia pelo poder do Espírito Santo, de modo que a igreja receba o incentivo e a orientação de que precisa para sua missão e seja renovada em seu amor a Deus; e, acima de tudo, para que a palavra de Deus cumpra sua obra no mundo, já que, segundo a visão de Isaías, ela faz brotar todas as coisas da nova criação — o novo mundo no qual a causa triste do pecado seja finalmente extirpada:

Assim como a chuva e a neve descem dos céus
e não voltam para eles sem regarem a terra
e fazerem-na brotar e florescer,
para ela produzir semente para o semeador e
  pão para o que come,
assim também ocorre com a palavra que sai
  da minha boca:
    ela não voltará para mim vazia,
      mas fará o que desejo e atingirá o propósito
      para o qual a enviei.
Vocês sairão em júbilo e serão conduzidos em paz;
os montes e colinas irromperão em canto
  diante de vocês,
e todas as árvores do campo baterão palmas.
No lugar do espinheiro crescerá o pinheiro,
e em vez de roseiras bravas crescerá a murta.
Isso resultará em renome para o Senhor,
para sinal eterno, que não será destruído.

                                     Isaías 55:10-13

ESTUDO DE CASO: O SÁBADO

Vamos abordar o lado prático: o que acontece quando começamos a refletir sobre questões mais específicas de acordo com tudo o que dissemos até agora? Com esse propósito, escolhi dois temas bem diferentes: o sábado e a monogamia. Esses dois temas vêm sendo alvo de debates de vez em quando, mas nenhum deles faz parte da lista de assuntos mais debatidos no momento. Se esse fosse o caso, teria sido complicado analisá-los sem que parecesse manifestar segundas intenções, o que acabaria também desacreditando minha teoria. Estudar essas duas questões desafiará algumas leituras simplistas da Bíblia que são extremamente populares e exemplificará a ideia geral deste livro sobre um modo mais maduro de ler as escrituras, tratando-as como um veículo verdadeiro da autoridade divina.

A primeira questão a ser analisada é a do sábado. Suas referências bíblicas são impressionantes. No Antigo Testamento, o mandamento do sábado é sólido, feroz, obrigatório. Ele se baseia nas duas maiores narrativas que formaram o Israel antigo: a criação e o êxodo. O sábado é adequado porque Deus descansou no sétimo dia, depois de terminar a obra da criação. Ele é ordenado porque Deus tirou Israel do Egito. Coisas ruins acontecem quando a nação ou alguma pessoa dentro dela ignora ou cancela o sábado. O retorno à observância do sábado levará Israel a um novo lugar de graça (Isaías 56:4-7). Os judeus leais dos últimos séculos antes de Cristo fizeram da observância do sábado uma de suas principais marcas registradas, a ponto de, uma das poucas coisas que o pagão comum sabia sobre o estranho povo judeu que vivia no meio deles (além da circuncisão e dos tabus culinários) era que eles tinham um dia de descanso por semana. A questão sobre se era permitido que os judeus se defendessem no sábado tornou-se importante quando os inimigos, ao verem nisso uma oportunidade, escolheram esse dia para atacá-los. (O equivalente moderno foi, com certeza, a guerra de Yom Kippur, em 1973, quando os inimigos do Estado de Israel começaram seu ataque no Yom Kippur, o dia da expiação.)

Entretanto, no Novo Testamento, tudo isso mudou. Falarei em breve sobre Jesus e os evangelhos, mas Paulo, nosso primeiro escritor cristão, é incrível no que diz a respeito do sábado: ele praticamente nada diz a esse respeito. As duas outras perguntas principais para os judeus no mundo pagão estão presentes em suas cartas, recebendo, de fato, um destaque importante em algumas delas: será que os cristãos precisam ser circuncidados, ou será que os cristãos são obrigados a seguir as leis dietéticas judaicas? Paulo responde negativamente a essas duas perguntas; na verdade, insistir na circuncisão dos gentios convertidos implica introduzi-los na família física de Abraão, mas não no povo verdadeiro e renovado de Deus, formado pelo próprio Messias Jesus e que vive em sua presença. Esse é o assunto da carta aos Gálatas. De modo parecido, todas as tentativas de se restringir a comunhão com base no que se come e nas pessoas com as quais se come são firmemente, para não se dizer ferozmente, descartadas. Contudo, qual é o parecer sobre o sábado?

Bem, existem algumas passagens em que Paulo possivelmente tinha o sábado em mente. Em Romanos 14:5-6, ele diz que alguns cristãos gostam de guardar dias específicos, enquanto outros vivem felizes sem guardar dia nenhum, e que aqueles que os guardam não devem julgar aqueles que não os observam, e vice-versa. De forma mais clara, em Gálatas 4:10, ele denuncia aqueles que estão guardando "dias, meses, estações e anos". Essa deve ser uma referência às festas judaicas em geral — obviamente, abrangendo muito mais do que o sábado —, mas não se percebe claramente o que Paulo teria *realmente* dito sobre o sábado, ou a justificativa de seu raciocínio.

Essa questão interessante — que trata de algo tão fundamental na vida judaica, sobre o que Paulo, judeu até o tutano, não fala, nem mesmo de passagem — salta aos olhos quando Paulo cita os Dez Mandamentos, em que obviamente o sábado desempenha um papel proeminente. Nas mesmas passagens que ele diz que os seguidores de Jesus são obrigados, no Espírito, a guardar os mandamentos, ele consegue evitar a referência ao sábado na lista (e.g., Romanos 13:9). Ele cita o mandamento contra o assassinato, contra o furto, contra a cobiça, e fala de honrar o pai e a mãe, e, com certeza, por trás de tudo isso, adorar ao único Deus verdadeiro, e honrar e santificar o seu nome. No entanto, não se vê nenhuma referência ao sábado.

Com certeza, quando recorremos a Jesus e aos evangelhos, notamos um destaque dispensado ao sábado — e Jesus sempre parece quebrá-lo. Existe uma história bem conhecida de uma igreja nas Terras Altas da Escócia em que a norma era a guarda rígida do sábado. Um dia, os presbíteros estavam discutindo a questão, e um deles alegou que Jesus havia quebrado várias vezes o sábado e tinha falado contra a sua observância. Outra pessoa respondeu: "É verdade! Até nosso próprio Senhor era bem liberal quanto a essa questão!"

Entretanto, será que isso esgota o que podemos dizer a esse respeito? Como um especialista conhecido sugeriu há alguns anos, será que seria o caso de Jesus ser um "radical" e Paulo ser um "liberal"? Ou existe uma explicação melhor, biblicamente mais profunda e mais satisfatória para o que está se passando? Para responder a isso, precisamos observar com mais detalhes a função que o mandamento do sábado desempenha nos dois testamentos em questão, com Jesus se colocando como se estivesse entre eles. Será que esse consiste simplesmente em um caso em que o Antigo Testamento ordena algo que foi abolido pelo Novo Testamento? Se esse for o caso, como podemos explicar essa contradição tão clara? Será que é porque o

Novo Testamento revogou o "legalismo" do Antigo Testamento para dar lugar a uma nova "religião da graça"? Ou será que a questão é totalmente diferente?

A discussão escocesa que acabei de mencionar me faz lembrar do filme *Carruagens de fogo*, que chegou a ganhar o Oscar. A trama se desenvolve no cenário das Olimpíadas de Paris de 1924, que terminou com Eric Liddell vencendo a corrida dos quatrocentos metros e Harold Abrahams vencendo os cem metros. No entanto, Liddell tinha sido inscrito originalmente para correr os cem metros, mas recusou-se a participar das eliminatórias porque seriam realizadas no domingo. A ironia oculta no filme era que Liddell, o cristão devoto, foi quem levou o princípio sabático a sério, enquanto Abrahams, o judeu, não pareceu ter dificuldade de participar de eventos que ocorriam no sábado, o dia de descanso judaico.

A posição de Liddell representa como as coisas eram na Grã-Bretanha, pelo menos até meados dos anos 1960. Lembro que, quando eu era garoto, nos anos 1950, não me deixavam sair para brincar na rua aos domingos. Todas as lojas fechavam, com uma breve exceção pela manhã para as bancas de jornal, para que vendessem a edição de domingo. Poucas cafeterias ou restaurantes costumavam abrir. O transporte público funcionava com um horário bem reduzido. Não havia eventos esportivos profissionais. Obviamente, esse tempo passou, e as opiniões se dividem se essa mudança foi realmente para melhor. A maior pressão para que as coisas fossem feitas no domingo de modo diferente parece ter vindo das grandes lojas, cheias de vontade de ter mais um dia para ganhar dinheiro (embora a abertura das lojas por mais um dia não aumente a quantidade de dinheiro no bolso dos compradores). Porém, o argumento principal proposto — muito parecido com outros argumentos a favor de outros interesses secularizantes — centrava-se na inadequação de uma restrição cristã ao dia de descanso ser imposta sobre uma sociedade que havia abandonado a fé cristã ou que a princípio nunca tinha professado verdadeiramente essa fé, e que com certeza não estaria se dirigindo à igreja, nem se dedicaria a atividades relacionadas a ela durante o domingo. Apesar dos grandes esforços daqueles que se engajavam na campanha para manter o domingo especial, a fim de demonstrar os princípios amplos e gerais da manutenção de um ciclo de trabalho e descanso, sempre se passou a ideia entre a maioria das pessoas da Grã-Bretanha de um bando de cristãos tentando apoiar uma prática antiquada e irrelevante. Para muitas pessoas, parecia que os cristãos, que já haviam decidido sentir-se muito tristes ou pelo menos entediados pelo menos um dia por semana, queriam que todos os outros também se entristecessem e se chateassem.

Entretanto, afinal de contas, quem disse que o domingo, o primeiro dia da semana, é o dia de descanso cristão? Como os cristãos sem nenhum esforço trocaram a lei antiga de Israel sobre o sétimo dia da semana por uma lei parecida sobre o primeiro dia, sem parecer se preocupar com o passo hermenêutico largo que estava sendo dado — ou com a aparente ruptura com o ensino de Jesus e de Paulo?

Essa é uma questão complicada para os historiadores resolverem. As opiniões mudam com o tempo. Quando eu estava editando as obras de um dos primeiros reformadores, chamado John Frith, descobri que a edição de seus escritos que a maioria das pessoas usava, que tinha sido publicada quarenta anos depois de sua morte repentina, havia omitido uma linha de seu texto original. Frith viveu e trabalhou durante os dias obstinados do início da Reforma, quando todos os tipos de regras que eram vistas como "legalismo" católico medieval estavam sendo descartadas. Quando abordou o assunto sobre a observância do domingo, ele insistiu que o Novo Testamento deixava a pessoa livre: desde que tivesse ido ao culto, o restante do dia poderia ser vivido da maneira como a pessoa quisesse. Quarenta anos depois, o editor mais cauteloso que reuniu a maior parte de seus trabalhos no período elisabetano simplesmente não quis imprimir o que Frith tinha escrito. Ele omitiu toda a frase. Será que isso não foi uma repetição do legalismo? O que foi feito em relação à própria autoridade das escrituras — o princípio que tanto Frith como seu editor posterior declaravam seguir?

Por onde começamos para abordar essas questões? Bem, o lugar óbvio para se começar é o próprio material do Antigo Testamento.

O SÁBADO NO ANTIGO TESTAMENTO

O princípio básico do sábado é definido de forma suficientemente clara em Gênesis 2:3, mas o que de fato esse texto diz, embora seja aparentemente simples, é profundamente misterioso e dá muito o que pensar. Deus completou a obra da criação dos céus e da terra no sexto dia, depois "descansou" no sétimo dia. O que isso significa?

A princípio, isso parece dar a entender que Deus, depois de criar um mundo que incluía o próprio "tempo", a maneira pela qual o mundo e os acontecimentos dentro dele avançam, de algum modo passou a fazer parte de seu cenário, ou pelo menos estabeleceu uma relação com esse tempo que ele criou. Ele criou um mundo composto por espaço, tempo e matéria; declarou que ele é muito bom (de modo que não devemos ver os elementos mencionados como coisas desprezíveis ou de segunda classe); e, depois, passou a controlá-lo, sem se ater à necessidade inexorável de sempre estar trabalhando e criando. A criação é dinâmica: trata-se de um projeto, não de um quadro ou de uma máquina. Ela tem um ritmo próprio, em que o ritmo de vida concedido por Deus de algum modo parece encontrar-se de forma misteriosa com o nosso.

John Walton propôs um novo modo de entender isso, com base em um estudo detalhado de material comparativo no Oriente Médio antigo, em seu livro incrível *O mundo perdido de Adão e Eva*. Ele insiste que, nesse mundo antigo, qualquer pessoa que lesse sobre algo sendo construído por um deus em seis dias ou estágios saberia que se tratava basicamente de um *templo*, uma habitação para o próprio deus ou deusa, e não se esperava que esse deus parasse de trabalhar e passasse um tempo "descansando" — no sentido de relaxar. Isso traz uma perspectiva bem inovadora da maneira pela qual o sábado é instituído no livro de Gênesis. Se Walton estiver certo, ela se relaciona com o prazer que Deus tem com seu mundo, com sua celebração dos céus e da terra como habitação para si mesmo.

No caso do templo, a parte final de toda a operação é justamente quando, com a estrutura quase pronta, uma imagem do próprio deus é colocada no altar. Essa "imagem" cumpre dois propósitos: trata-se da posição e do meio da presença desse deus na casa, e é o ponto focal da homenagem e da devoção que ele receberá. Portanto, nessa passagem de Gênesis, o casal humano, homem e mulher, passa a ser a posição e o meio pelo qual a presença do criador é percebida nesse mundo recém-criado, com o descanso da criação sendo introduzido de forma proveitosa. Aqueles que portam a imagem do criador farão exatamente o que este faz. Eles "descansarão" juntos.

A ideia do Deus criador "descansando" depois de terminar sua obra também indica que Deus continuará posteriormente seu trabalho para levar adiante seu grande projeto. Essa é uma ideia bem diferente do deísmo (por exemplo), no qual o criador se senta e se abstém de participar, deixando que a criação prossiga com seus próprios meios. Com certeza, a parte verdadeira disso é que o criador *fez* plantas e animais, que produzem "sementes" e se reproduzem, e que os seres humanos em particular são chamados pelo criador para ser agentes da ordem e da fertilidade para o mundo. No entanto, não devemos tomar isso como indício de que o criador esteja ausente ou inativo. Muito pelo contrário, essas são as maneiras que ele escolheu para agir. Ele fez um mundo que tem uma energia criativa própria. O típico pensamento dicotômico modernista, segundo o qual *ou* Deus "faz alguma coisa" no mundo, *ou* os acontecimentos se dão por "causas naturais", é essencialmente um equívoco. As próprias "causas naturais" são resultado da atividade criativa subjacente de Deus.

O sábado não parece desempenhar papel algum por todo o restante de Gênesis, mas retorna de forma bombástica no livro de Êxodo. Até mesmo antes da entrega dos Dez Mandamentos no capítulo 20, a história do maná no capítulo 16 desse livro pressupõe um senso claro do ritmo de vida de seis dias. Isso acaba sendo mais elaborado na história chocante (para nós) do homem de Números 15:32 que cata gravetos no sábado e é apedrejado até a morte por sua desobediência. O próprio mandamento é associado à criação em Êxodo 20:8-11 e, depois, de forma interessante, ao próprio êxodo em Deuteronômio 5:12-15, em que se explica que Israel, tendo experimentado a transição da escravidão para a liberdade, teria de garantir aos seus escravos seu próprio momento de liberdade a cada sábado. Posteriormente, o sábado não aparece como tema importante em boa parte do restante do Antigo Testamento. No entanto, ele é mencionado de forma interessante nos períodos exílico e pós-exílico, como sinal do chamado de Deus para uma lealdade renovada por parte de seu povo. Além disso, nas passagens em que é mencionado, ele é apresentado de modo a indicar que todos basicamente sabem o que é o sábado e a razão pela qual ele é guardado, reservando o questionamento à decisão de as pessoas guardarem-no ou não (Neemias 13:15-22; Isaías 56:2-7; 58:13-14; Jeremias 17:19-23 — em que a promessa para aqueles que guardam o sábado envolve a renovação da monarquia). (Veja também Êxodo 23:12; 31:13; 34:21; 35:2; Levítico 19:3; 23:3; Números 28:9; Neemias 9:14; Ezequiel 20:13; 22:26; 44:24.)

Portanto, o retrato do sábado que extraímos do Antigo Testamento é de um mandamento que é mais importante por aquilo que representa do que propriamente por sua observância; consiste em um sinal de que a ordem criada está se *encaminhando para algum lugar*. A criação, como já dito, é um *projeto*, e não um quadro ou uma máquina. O sábado indica um ritmo de vida que interage misteriosamente com os seres humanos, com Israel e com toda a criação. Por isso, o sábado é o sinal *temporal* da interação do criador com sua criação, como o templo se torna o sinal *geográfico*: "profanar o sábado" (e.g., Ezequiel 20:13; 22:8,26; 23:38) é comparável a profanar o próprio templo. Concluímos, então, esta regra geral: *do mesmo modo que o templo é o espaço sagrado, o sábado é o tempo sagrado.*

Com certeza, esses dois temas se encontram nas grandes festas judaicas. Trata-se parcialmente de festas da colheita, e parcialmente de um resgate histórico dos acontecimentos do Êxodo. Elas sempre incluíam sábados especiais ou "grandes", em que o próprio tempo se voltava para refletir a si mesmo: o exemplo óbvio da Páscoa é o

ESTUDO DE CASO: O SÁBADO

momento no qual os israelitas não somente *se lembram* da época em que Deus os libertou do Egito, mas também *fazem uma reconstituição:* "esta é a noite". Nesses momentos, há uma transcendência e um ajuntamento total do tempo, do espaço e até mesmo da matéria (a comida e a bebida da refeição pascal) de forma criativa, não porque a criação seja inadequada, mas porque é feita de modo a apontar para o futuro, para além de si mesma, para o tempo em que os propósitos do criador se cumprirão.

Nesse contexto, surge um tema importante em que o princípio e o mandamento do sábado encontram um destaque novo, embora com reflexos do princípio de Deuteronômio (do sábado como a libertação dos escravos). O sábado passa a ser o sinal da justiça de Deus e do cuidado pelos pobres, e até pelos escravos e animais. Portanto, em Êxodo 23:11, o sábado é a oportunidade de descanso para o pobre, e até para os escravos e os animais. Esse princípio floresce de modo importante e aponta para um tema que parece bem diferente a princípio, mas, na verdade, tem uma relação bem íntima com o sábado: o Jubileu.

O Jubileu equivale à remissão de dívidas no sétimo ano, e o Grande Jubileu é a sua versão em grande escala no 49º ano (sete vezes sete, obviamente). Esse princípio é explicado em Levítico 25. Deve haver um "ano sabático" a cada sete anos (25:1-7), no qual a terra deve descansar. Além disso, depois de 49 anos (sete vezes sete, referidos como "sete semanas de anos"), o toque da trombeta anunciará a "liberdade por toda a terra a todos os seus habitantes". A propriedade dos antepassados deve ser devolvida, criando, assim, uma lei especial sobre a compra e venda de terrenos (a pessoa compra ou vende um número determinado de colheitas valendo até o próximo Jubileu). Isso se aplica até mesmo à compra e à venda de escravos, remetendo também à época de Israel como escravo no Egito (25:47-55). Durante os anos sabáticos da terra, as pessoas devem comer o que a terra produz de forma espontânea.

Entretanto, a grande declaração do Jubileu se encontra no capítulo 61 de Isaías. Nessa passagem, depois do apelo para a observância do sábado nos capítulos 56 e 58, chegamos à proclamação da liberdade aos cativos, da visão aos cegos, entre outras coisas. O sentido do Jubileu consiste basicamente em restaurar a criação e o povo de Deus — colocar tudo no devido lugar na sociedade humana, no corpo humano, na vida humana e na terra que eles cultivam. Logo, o princípio do sábado está intimamente ligado ao princípio mais amplo da *justiça* de Deus no que se refere à intenção de Deus — que, por sua vez, faz parte da teologia da criação — de acertar todas as coisas no final. O Jubileu parece ser um momento de "tempo sagrado" em que os seres humanos têm o privilégio de participar do tempo de Deus *e de seus propósitos redentores*. Trata-se do presente do criador ao seu povo, principalmente aos pobres e escravizados: a própria concessão da justiça. É interessante que, na mesma proporção que o mundo ocidental foi deixando de lado a observância do domingo quase ao ponto do total abandono (ainda que posteriormente dê a sugestão de que a observância do domingo geralmente baseava-se em um entendimento equivocado), também foi desaparecendo a ideia da justiça com relação aos pobres, do perdão das dívidas.

O princípio do Jubileu, uma espécie de sábado multidimensional, ganha uma dimensão bem mais profunda no livro de Daniel. Esse profeta fica sabendo, no exílio na Babilônia, que Jeremias havia profetizado a duração de "setenta anos" para o exílio (Jeremias 25:11; 29:10; a oração de Daniel no capítulo 9, a referência a Jeremias que é feita em 9:2; veja também 2Crônicas 36:21; Zacarias 1:12; 7:5). Daniel ora para que possa saber quando se completariam esses setenta anos e o exílio seria encerrado. O anjo que a ele responde apresenta boas e más notícias: a redenção viria de fato, mas, em vez de setenta anos, seriam "setenta vezes sete", 490 anos: uma espécie de Jubileu de Jubileus. Isso parece combinar com a noção de que o exílio era um modo de permitir que a terra de Israel "desfrutasse seus sábados", os sábados que os habitantes gananciosos lhe haviam negado, loucos para obter lucro (Levítico 26:34,43; 2Crônicas 36:21). A terra realmente precisava de descanso da exploração implacável; o exílio e o retorno não se tratavam simplesmente de um castigo pela idolatria de Israel, mas, sim, de um sinal de que Deus proveria o descanso sabático que era necessário, de modo a restaurar seu povo e toda a criação da maneira adequada. Logo, temos o princípio do sábado envolvido na história mais ampla — o sentido de que Deus agirá dentro de padrões que incorporam a "nova criação" dentro deles. A justiça em prol de Israel e do mundo, a favor dos homens e da criação, não se limita a um padrão simbólico repetitivo. Deus acabará concedendo todos eles de uma forma completa em um acontecimento único.

Portanto, o sábado no Antigo Testamento é bem mais complexo como instituição ou símbolo do que parece (só se tem essa ideia quando as pessoas leem as escrituras simplesmente procurando por "mandamentos a obedecer"). Ele tem um significado muito mais amplo do que simplesmente o mandamento de se abster do trabalho no sétimo dia da semana. Ele parece indicar (entre outras coisas) um chamado à humildade e à esperança — a humildade de reconhecer que o trabalho (que, para a maioria das pessoas, representava trabalhar a terra) não envolve nem todo o nosso ser nem todo o nosso propósito de vida, em uma ganância frenética e implacável. Do mesmo modo que o dízimo, e especialmente tal qual a oferta dos melhores animais como sacrifício, a observância do sábado era um afastamento da ideia de que Israel (ou os seres humanos), realmente possui ou controla o mundo. O trabalho excessivo, sete dias por semana, corresponde a uma falta de fé no Deus criador e provedor. Além disso, o sábado tinha um senso de esperança — a esperança de que Deus cumpriria suas promessas e, por meio dos ciclos do tempo linear, ele proporcionaria o "descanso" final, que é equivalente ao seu prazer com a criação no princípio e ao descanso de Israel na terra depois da conquista. (Então, a terra, e com ela o templo, deve ser vista como amostra da reivindicação e do desejo de Deus de habitar no mundo.) Esse princípio de olhar para a época futura da redenção deveria ser concretizado na vida nacional de Israel pelos ciclos de cinquenta anos, que eram sinais da redenção mais ampla de toda a criação, dos quais eles recebiam a amostra durante o descanso semanal. Caso não obedecessem, conforme ameaçava a profecia de Jeremias, a criação voltaria a ser *tohu wa'bohu* (sem forma e vazia), assumindo o estado caótico que precedeu a criação original. (Jeremias 4:23 em referência a Gênesis 1:2.)

Para entender o que acontece com o sábado no Novo Testamento, é fundamental manter todo esse contexto maior em mente. Descaracterizar o retrato bíblico antigo do sábado limitando-o a uma lei a ser imposta rigorosamente e exigindo obediência cega — e depois saudar Jesus ou Paulo como o grande antilegalista — é uma atitude que começa banalizando, depois dá lugar a um entendimento equivocado e acaba ignorando o significado verdadeiro do princípio sabático primeiramente no Israel antigo e depois na grande renovação que Jesus inaugurou e Paulo estabeleceu.

Poderíamos até chegar à conclusão, quando chegamos ao entendimento do princípio complexo, interligado e abrangente do sábado no Antigo Testamento, de que poderia ser algo bom simplesmente continuar com ele. Não sou fazendeiro, mas suspeito que a agricultura moderna seria muito melhor se guardasse o sábado. Entretanto, o Novo Testamento tem outra intenção. Deus está fazendo algo novo.

O SÁBADO NO NOVO TESTAMENTO

Como vimos anteriormente, o que é mais estranho a respeito do sábado no Novo Testamento é que ele quase não aparece. Os outros nove mandamentos são confirmados de várias maneiras, mas esse, não. Além disso, Jesus e Paulo parecem questionar abertamente a observância do sábado dos judeus do primeiro século. O Filho do Homem é Senhor do sábado, e o sábado foi feito para fazer o bem, não o mal. Por isso, e por causa do que foi feito em consequência disso, acabaram elaborando planos para matar Jesus (Marcos 2:23-28; 3:1-6 e passagens paralelas, além de Lucas 13:10-17). Em João, a cura inicial do paralítico perto do tanque de Betesda (João 5) é alvo de ira e ameaças, que são destacadas novamente depois da cura do cego de nascença (João 9:1-17). Essas duas curas durante o sábado, além das narrativas dos evangelhos sinóticos, deram lugar à interpretação de longa data de que os fariseus, em sua insistência na observância do sábado, eram "legalistas", e Jesus desafiava-os a um tipo diferente de religião: uma religião do coração e da graça, em vez de uma religião de mandamentos superficiais para velar e do esforço próprio do homem. Os estudos de nível superior mais recentes, com um entendimento mais profundo do judaísmo do primeiro século, observam com frequência que isso não leva muito em conta o modo como a maioria dos judeus naquela época, e em muitos casos posteriores, realmente enxergava o sábado tanto como instituição quanto como prática. Principalmente para aqueles cuja vida e cujo trabalho diário eram duros e até mesmo cruéis, o sétimo dia trouxe o descanso e a renovação que eram bem necessários e oportunos. Reafirmando o que disse anteriormente, tanto havia como acabou permanecendo no judaísmo a crença de que o sábado era visto como o tempo sagrado no mesmo sentido que o templo era visto como o espaço sagrado. Ele é visto como um momento em que o tempo de Deus e o tempo do homem se encontram e interagem entre si, de modo que o tempo passa a ser encarado de forma diferente, com uma qualidade ímpar, do mesmo modo que se aprecia uma bela música.

Por que Jesus teria rompido de forma tão decisiva com essa instituição tão expressiva que foi dada por Deus? O único fator que explica — e o faz muito bem — é que Jesus acreditava estar inaugurando a *nova era para a qual toda a instituição do sábado estava apontando.* Ele veio para proclamar e colocar em prática o Jubileu dos Jubileus, o sábado dos sábados, o tempo em que os propósitos de Deus e a vida humana finalmente se encontrariam. Por isso, suas ações com relação ao sábado têm analogia direta com aquilo que ele fez com relação ao templo, tema sobre o qual já escrevi. Jesus agiu como se fosse a personificação do templo, oferecendo perdão às pessoas com base em sua própria autoridade; portanto, quando ele foi a Jerusalém, o conflito era inevitável, pelo fato de ele confrontar o templo existente e suas autoridades com a realidade para a qual eles deveriam estar apontando, mas que, na verdade, tinham pervertido. Essa analogia sugere que, igualmente com relação ao sábado, Jesus fez uma crítica severa da interpretação vigente e da "aplicação" do sábado levada adiante pelo menos por uma parte dos fariseus. (Os fariseus constituíam um grupo de pressão extraoficial; mas, da mesma forma que acontecia naquela época, as pessoas que se autodeclaram extraoficialmente guardiãs do comportamento público têm maneiras de convencer os outros a seguir seu sistema.) Porém, a ideia por trás disso é a *declaração escatológica* que Jesus estava fazendo de que o tempo havia chegado e o reino de Deus estava próximo. A *plenitude do tempo* indica que o projeto que o Deus criador começou em sua criação e o projeto redentor lançado no êxodo haviam chegado ao seu destino. O destino de Israel, da humanidade e da criação estava sendo realizado em Cristo. Sua presença em carne e osso era a realidade para a qual o templo apontava; sua vida humana, especialmente sua pequena carreira pública, foi o momento em que o tempo de Deus e o tempo do mundo se encontraram e interagiram entre si. Essa, pelo menos, era a declaração implícita — que parecia absurda e escandalosa para muitas pessoas naquela época, e é o que ainda parece ser. Os seguidores de Jesus insistiam que essa declaração havia sido confirmada por sua ressurreição, que carrega em si o sentido de uma nova era. Especialmente na linguagem de João, a expressão "o primeiro dia da semana" simboliza a inauguração da nova criação.

A declaração mais explícita sobre a plenitude do tempo que tinha sido esperada por tantos anos se encontra no famoso "manifesto nazareno", em Lucas 4:16-30. Nessa passagem, Jesus se refere a Isaías 61, que, como vimos, remete à legislação do Jubileu em Levítico: ele era aquele que inauguraria a era da proclamação de boas-novas aos pobres, de liberdade aos cativos etc., e aquele era o momento em que tudo isso aconteceria. Ele disse: "Hoje se cumpriu a escritura que vocês acabaram de ouvir" (Lucas 4:21). Ele não quis dizer algo assim: "Vejam só! Esse versículo das escrituras está se cumprindo!", em um tom banal, parecido com alguém que está comentando a previsão de algum comentarista político que acabou dando certo. Em vez disso, ele deu a entender que toda a história de Israel, e, com ela, toda a história cósmica, havia chegado ao seu Jubileu final — um tempo de liberdade e paz, não somente para Israel, mas também, como ficou evidente de um modo perigoso naquele dia em Nazaré, para todo o mundo.

Houve imediatamente um conflito de expectativas e de significados. Jesus claramente não estava correspondendo às expectativas de muitos de seus contemporâneos, que queriam um ato contundente de libertação política. (Sua proclamação do reino não impediu que seu primo João Batista fosse preso e executado.) No entanto, por meio de uma parábola explicativa que descrevia ações simbólicas, ele se manteve fiel à sua mensagem: tratava-se realmente do tempo pelo qual Israel havia esperado, mesmo não se parecendo com o que a maioria de seus contemporâneos esperava.

Entretanto, como a hora do cumprimento havia chegado, então já não valia mais a pena teimar em destacar os indicadores que apontavam para o futuro, os sábados semanais, como se isso *não* tivesse acontecido. "O Filho do Homem é o Senhor do sábado": não se coloca uma placa que aponta em direção ao Rio de Janeiro em plena Copacabana. Jesus parece ter escolhido, de forma proposital, falar e agir de tal modo a comunicar a mensagem de que, especialmente por meio de suas curas, o tempo de libertação havia chegado. Aquele era o momento em que o tempo de Deus e o tempo do homem, o poder salvador de Deus e as vidas humanas quebrantadas, passariam finalmente a interagir. Ele disse: "Venham a mim... e eu lhes darei descanso". Recusar-se a ver isso, e querer continuar como antes, com a observância regular do sábado, equivaleria na prática a alguém que teimasse em arar a terra no momento em que já se deve começar a colher. O sábado não era uma instituição tola, desnecessária ou trivial (como muitos cristãos supõem, ao lerem o evangelho de um modo que faz lembrar o herege Marcião), tampouco um tipo de moralismo pelagiano, um sistema de "boas obras" pelo qual alguém pode merecer o favor de Deus, que podia ser domesticado de acordo com a mentalidade obcecada por regras a que as sociedades se submetem de vez em quando. Do mesmo modo que a maioria das coisas no judaísmo, o sábado apontava para o que vinha na sequência. Além de passar a ser desnecessário quando a realidade chegou, tinha o potencial de se tornar uma distração perigosa do Fato novo. Teimar em conferir no despertador se já é de manhã depois de o sol ter invadido o quarto com sua luz dourada é algo perverso. Todo o movimento cristão primitivo se baseou na crença de que em Jesus esse novo Fato havia finalmente chegado, e que os sinais que apontavam para ele, embora tivessem sido concedidos por Deus, haviam perdido seu valor a partir de então.

Isso explica, de modo bem direto, a razão pela qual Paulo não falou sobre a observância do sábado. Ele escreveu naquela que deve ter sido sua primeira carta: "Mas, quando chegou a plenitude do tempo, Deus enviou seu Filho, nascido de mulher, nascido debaixo da Lei, a fim de redimir os que estavam sob a Lei..." (Gálatas 4:4-5). Aqueles que recebem essa redenção "receberam a adoção de filhos", e sobre eles Deus envia "o Espírito de seu Filho". Eles, por seu intermédio, acabam "conhecendo a Deus, ou melhor, sendo conhecidos por ele", e, por causa disso, não podem mais se prender aos dias, meses, estações e anos que marcavam o calendário judaico antigo e também, obviamente, o calendário pagão antigo. Portanto, a "plenitude do tempo" em Gálatas 4:4 descarta a observância cuidadosa dos sinais dos tempos em Gálatas 4:10. A mesma lógica está por trás da dispensa da observância do sábado e das outras festas judaicas em Colossenses 2:14-16. Igualmente, quando deparou com o desafio de reunir os grupos cristãos de várias procedências, Paulo passou a tratar o sábado como um costume que não faz diferença. Alguns o guardam, outros não; e nenhum desses dois grupos deve julgar o outro (Romanos 14:5-6).

Esse último aspecto (tratar o sábado como *adiaphoron*, algo pelo qual não vale a pena dividir a igreja) só pode ser permitido desde que o princípio básico seguinte seja afirmado intensamente: no Messias Jesus, o novo dia de Deus amanheceu. Paulo escreve em outra passagem: "...agora é o tempo favorável, agora é o dia da salvação!" (2Coríntios 6:1-2, citando Isaías 49:8). O "Mas agora..." de Romanos 3:21, e a explicação forte sobre o cumprimento dos capítulos 3 a 8 de Romanos, criam um contexto no qual é possível ficar tranquilo e permitir práticas diferentes. No entanto, um novo tema surge nesse princípio a partir de um ângulo inesperado. Paulo afirma que agora, nesse novo dia que amanheceu, não é pelas "obras" que Deus escolhe as pessoas. *Assim, a justificação somente mediante a fé consiste em uma nova radicalização do sábado antigo.*

Faz-se claramente essa associação na Carta aos Hebreus, que encara toda a nova era inaugurada por Jesus como um grande "descanso sabático" e fala daqueles que entram no "descanso de Deus" para repousar de suas "obras". Toda a sequência de Hebreus 3:7—4:11, especialmente os versículos finais dessa sequência, apresenta uma exegese de Salmos 95:7-11, que se refere à narrativa das peregrinações no deserto, e à liderança de Josué ao guiar o povo para a terra prometida, evocando o sentido de um "descanso" prometido, o qual Josué claramente ainda não tinha providenciado e que o salmo reserva para uma possibilidade futura.

Quando chegamos a Romanos 8, em que a própria criação é libertada da escravidão da corrupção para receber a liberdade que vem quando os filhos de Deus são revelados, percebemos que, por toda a grande narrativa bíblica, com os sábados regulares servindo como placas indicativas no caminho, tudo isso se refere ao alcance da conclusão proposta para o projeto de Gênesis 1—2, que inclui a vitória sobre a corrupção destrutiva do pecado nesse processo. Esse é o alvo para o qual os sábados apontavam. Esse objetivo, a renovação de todas as coisas, já foi conquistado a princípio na ressurreição de Cristo dentre os mortos. O governo soberano de Deus sobre o mundo e a "justiça" de Deus, bem como a sua fidelidade tanto à criação quanto à aliança, se juntam ao cumprimento do sábado e do Jubileu. Esse é o momento final da liberdade, a concretização do "novo templo", no qual Deus e os homens igualmente "descansarão", e chegarão ao seu destino.

O evangelho de João apresenta o mesmo tema com um tom bem diferente. A sequência bem conhecida de "sinais" que se desenrola por todo o evangelho alcança seu sétimo momento (possivelmente) crucial quando Jesus morre na cruz. A velha criação e a antiga aliança foram consumadas. Devemos agora esperar pelo amanhecer da nova criação. Isso é simbolizado pelo destaque que João dá ao "primeiro dia da semana", em João 20:1. Isso nos remete ao dia da crucificação de Jesus, o sexto dia da semana, no qual Deus criou o homem à sua imagem, o dia em que Pilatos declara: "Este é o homem" (19:5). Esse é o momento em que Jesus morre, pronunciando a palavra *tetelestai* ("Está consumado"), repetindo as palavras que expressaram o final da primeira narrativa da criação (19:30; Gênesis 2:3). Depois disso, vêm o "descanso" do sétimo dia, o sábado, o dia da ressurreição, em que João se esforça para que não percamos o foco, repetindo o padrão de manhã e tarde (João 20:1,19). Quando levamos em consideração o modo como, nesse evangelho, Jesus afirma que "Meu pai continua a trabalhar, e eu também!" (5:17), reforçamos o sentido de que o próprio Jesus é o cumprimento do sábado, já que ele é (como é descrito de modo óbvio no evangelho de João) o cumprimento do templo, e que o tempo de Deus, bem como o espaço de Deus, haviam convergido nele. A nova criação que é inaugurada em sua ressurreição consiste em um tempo divino e humano, não em um momento separado ou em uma sucessão de momentos, mas, sim, uma qualidade contínua de tempo, algo que explicarei um pouco mais adiante.

O livro de Apocalipse é estruturado de forma parecida, em uma sequência complexa de acontecimentos associados ao número sete, mas, quando os novos céus e a nova terra são revelados no capítulo 21, percebemos que todos os símbolos que apontavam para esse momento se retiram de cena quando a realidade se faz presente. Além de não haver templo, não há sol, nem lua, nem noite. O resultado parece ser um dia eterno — iluminado "pela luz de Deus e do Cordeiro". Esse não é somente o "lugar" que, pela presença pessoal de Deus e do Cordeiro, consiste na realidade apontada pelo tempo, mas também consiste no "tempo" para o qual os vários sábados haviam indicado. Quando chega o que é definitivo, descarta-se o que é provisório.

Com tudo isso em mente, não é de admirar que a igreja primitiva celebrasse o primeiro dia da semana como "o Dia do Senhor". Jesus tinha inaugurado a nova criação, e o início de cada semana passou a destacar essa realidade de um modo que a observância judaica do sábado era simplesmente incapaz de fazer. Paulo espera que os cristãos coríntios se reúnam no primeiro dia (1Coríntios 16:2), e esse padrão reaparece em Atos (20:7), e o primeiro dia da semana é identificado em Apocalipse 1:10 como "o Dia do Senhor" sem maiores explicações. Devemos lembrar que o primeiro dia da semana tratava, obviamente, de um dia útil para todas a pessoas no mundo antigo, tanto judeus como pagãos. Os cristãos, ao se reunirem nesse dia (provavelmente bem cedo, antes da hora de trabalhar), estavam simbolizando a própria vitória de Jesus sobre a morte. Vários escritores subapostólicos e do segundo século explicam as noções do tempo e do sábado, mas é bem provável que essa não tenha sido uma preocupação básica no período.

A lembrança de que "o primeiro dia da semana" foi, e continuou a ser, um dia de trabalho normal em todas as partes do mundo antigo nos traz mais um detalhe a respeito dessa questão: os cristãos primitivos nunca sugeriram que haviam tentado transferir os princípios básicos da observância do sábado, ou seja, deixar o trabalho normal, para esse novo dia. De qualquer maneira, isso seria totalmente impraticável, exceto na possibilidade de toda uma casa se haver convertido e o líder pudesse dar folga aos escravos. No entanto, os cristãos realmente fizeram várias coisas que anteriormente tinham a perspectiva de ser impraticáveis, e não há indícios de que eles quisessem desdobrar-se para forçar a questão. A vida tinha de continuar a seguir seu curso normal, e não encontramos nenhum cristão primitivo reclamando de que estava sendo forçado a compactuar com costumes pagãos, ou claramente fazendo uma campanha para guardar seu "novo" dia do modo como Jesus guardava seu dia antigo. Essa transferência do "dia de descanso" para o domingo iria acontecer mais tarde.

O SÁBADO, O TEMPO E A ESPERANÇA CRISTÃ

Seria fácil, para não dizer facílimo, dizer que a instituição antiga do sábado tinha sido superada na dispensação cristã, como se o judaísmo tivesse dado lugar ao platonismo e toda a ideia importante de tempo tivesse sido descartada em prol de uma visão, de um evangelho, de uma palavra e de um Deus que não estão sujeitos ao tempo, convocando-nos a esquecer o mundo do tempo e entrar na eternidade atemporal de Deus. Volto a dizer que isso seria fácil demais, embora muitas pessoas no mundo cristão ocidental tenham seguido esse caminho. De fato, houve momentos em que essa ideia foi associada à visão "normal" de que a observância do sábado era legalista e que os cristãos primitivos eram simplesmente opostos ao legalismo, por acreditarem em uma religião mais "espiritual". Isso simplesmente não serve como relato sério do que encontramos no Novo Testamento, nem como uma tentativa de descobrir o possível sentido de considerar as escrituras "autoridade" nessa área.

Em vez disso, o que me parece é que deparamos com algo que no geral é mais complexo e interessante. O tempo linear (que faz parte da boa criação de Deus) continua, mas agora é entrecortado por um novo fenômeno, uma nova qualidade de tempo. Não se trata daquilo que T. S. Elliot chamou de "interseção da atemporalidade com o tempo", mas, em vez disso, da interseção de duas qualidades de tempo. No tempo de Deus, os acontecimentos do passado e do futuro não só têm a capacidade de acontecer juntos, como às vezes isso ocorre de fato. Do mesmo modo que, em um sentido, o êxodo é recapitulado na morte de Jesus (como foi recapitulado em outro sentido a cada Páscoa judaica), e a nova criação de fato é antecipada em sua ressurreição, de maneira que o tempo parece assumir a capacidade de ser olhado pelo telescópio em toda a sua dimensão e depois separado novamente. Pode-se até chamar essa qualidade de "tempo do Espírito Santo": Atos fala do dia de Pentecoste "se cumprindo", *symplērousthai*, e, em Levítico (23:5-21), o próprio Pentecoste é definido como Jubileu, um momento em que o tempo se concentra em uma celebração da dádiva de Deus em si mesmo na Torá.

ESTUDO DE CASO: O SÁBADO

Tudo isso se concentra na pessoa do próprio Jesus, e parece (para ser sincero) que a preocupação ocidental moderna tanto em provar como em refutar a ideia da "divindade de Jesus" criou um verdadeiro ponto cego para ortodoxos e radicais em relação a temas que, para os cristãos primitivos, estavam convergindo em Cristo e trazendo uma matriz de "significado" bem mais densa e sugestiva que as categorias ocidentais relativamente niveladas de "divindade" e "humanidade". Para eles, Jesus era o novo templo — em outras palavras, o lugar onde, e por meio do qual, se dava a junção entre o céu e a terra. Venho sugerindo também que o ministério, a morte e a ressurreição de Jesus faziam parte do Novo Jubileu — a *era na qual* os propósitos libertadores de Deus finalmente conseguiram interagir com a vida humana, gerando um estado permanente de Jubileu. Além disso, embora o assunto pertença a outro tema, Jesus, *em seu corpo físico, crucificado e ressuscitado,* acaba sendo a substância material na qual, como Paulo afirma, "habita corporalmente toda a plenitude da divindade" [Colossenses 2:9]. Portanto, tudo isso também é verdade no Espírito Santo e por intermédio dele no interior e na ação daqueles em quem esse mesmo Espírito habita. Vejo nesse contexto que temos aqui algo muito ou imensamente maior do que simplesmente a questão que aborda se o "domingo" é o "dia de observância do cristão", com novos regulamentos contra o trabalho nesse dia para fazer uma equiparação. Em vez disso, deparamos com a redenção e a transformação do próprio tempo, do espaço e da matéria, em Jesus e por seu intermédio e posteriormente pelo Espírito Santo e por seu trabalhar. Não há como voltar ao sabatismo à moda antiga, embora muitos cristãos legalistas de vários tipos (tanto papistas como puritanos, diga-se de passagem) tenham desejado criar algo assim. Isso no máximo serviria de distração para a tarefa muito mais empolgante e importante de explicar e colocar em ação as boas-novas de que, com Jesus e com o Espírito Santo, foram inaugurados *um novo estilo de vida*, um novo sistema de criação e um novo modo de existência *humana*.

O que acontece, então, com o tempo linear? Alguns sugerem, em um surto de sangue platônico no cérebro, que ele devia deixar de ter importância, de modo que a própria história passa a ser uma distração perigosa para o cristão. No entanto, o retrato da nova criação que encontramos em Apocalipse 21—22 conta uma história diferente. Nessa passagem, no novo céu e na nova terra, temos o retrato de uma nova criação que contém um *projeto* novo: "As folhas da árvore servem para a cura das nações" (Apocalipse 22:2), e todo o cenário parece constituir um ambiente que não pode ser identificado como um lugar de "descanso" no sentido de ociosidade, mas, sim, de vida vibrante e renovadora, de celebração e trabalho frutífero. Na medida em que existe um "descanso" depois desta vida, o livro do Apocalipse o situa entre a morte humana e a ressurreição, não como o estado final (Apocalipse 6:11; 14:13). O que acontece no fim não é um "descanso", mas se trata mais propriamente de um "reino": o governo do povo de Deus sobre o mundo que pertence a Deus, ao mesmo tempo que se tornam súditos adoradores do próprio Deus e do Cordeiro (veja detalhes no meu livro *After you believe* [Depois que você crê]).

Isso nos faz retornar à noção de tempo como ainda sendo linear, mas agora sendo entrecortado de várias maneiras com outras qualidades de tempo, de modo que a sequência contínua do tempo comum é bombardeada tanto com a memória como com a expectativa, com os acontecimentos antigos se tornando contemporâneos e os futuros passando a fazer parte do presente. Acho que é disso que Agostinho estava falando em suas explicações sobre a memória e a imaginação. Suspeito também que isso venha a ser o tema em cuja direção a física contemporânea, pelo menos desde Einstein, tem engatinhado — um sentido descartado pelo paradigma modernista de tempo linear direto e de espaço tridimensional, mas que parece agora ter superado. Talvez nosso mundo realmente seja bem mais complicado do que temos percebido, e talvez aqueles que nos antecederam na fé tivessem noção disso, abordando essa complexidade multidimensional em símbolos e numa linguagem que temos tratado como supérflua, mas que agora estamos prontos para resgatar.

ESTUDO DE CASO: O SÁBADO

Afinal de contas, é o paganismo que trata de divinizar ou de marginalizar a criação. Considere a existência de uma hipótese diferente, que a criação foi, de fato, destinada a se tornar a habitação do próprio Deus, e também a nossa, como criaturas portadoras de sua imagem, e que a própria criação, feita para ser cheia do conhecimento e da glória de Deus como as águas cobrem o mar, seja capaz de contar essa narrativa, até mesmo nos adiantando um pouco, como Salmos 19 parece nos sugerir. Suponha, em outras palavras, que o universo seja *sacramental* de algum modo — não de forma completa, nem madura, porque a redenção final ainda está por vir e o perigo de uma exagerada escatologia realizada se faz tão real nos dias de hoje como em qualquer época. No entanto, quem sabe até mesmo se, como Gerard Manley Hopkins entendia, o mundo já esteja "carregado da grandeza de Deus", ou mesmo impregnado com a glória futura que a corrupção atual ocultou sem retirá-la por completo? Suponha que o sábado tenha sido uma placa de sinalização verdadeira, apontando para uma era não somente de descanso, mas também de glória, uma era em que Deus se sinta em casa com sua criação e a criação tenha comunhão com Deus? A ideia é de transformação do espaço, do tempo e da matéria, uma transformação que a teologia sacramental se esforça ao máximo para acompanhar, mas que raramente surge do nada.

Afirmo novamente que o retrato definitivo do futuro em Apocalipse 21—22 revela descobertas novas e profundas. Do mesmo modo que não haverá mais templo na cidade, tampouco (como vimos) haverá sol ou lua. Ainda haverá, como parece, algo que poderemos identificar como tempo, porque haverá projetos, trabalho a fazer, folhas na árvore para a cura das nações, reis da terra trazendo riquezas para a cidade. Independentemente do significado desses símbolos com relação a essa realidade final, certamente não se referem a uma entidade estática, nem mesmo a um acorde final de uma sinfonia prolongado por toda a eternidade. Existe uma música nova nesse novo mundo.

Portanto, a minha ideia principal nesta seção é que o mandamento do sábado no Antigo Testamento era um indicador verdadeiro e necessário, apontando para os propósitos futuros de Deus quanto à sua criação e para o lugar de Israel com relação a eles. No entanto, como sempre foi a partir da perspectiva de Gênesis 2:3, ele falava da vinda de Deus para morar em sua criação de céus e terra, estabelecendo residência, habitando no meio de seu povo. Por isso, nos evangelhos, as ações de Jesus no sábado trazem uma forte mensagem sobre a sua crença de que "Meu pai continua a trabalhar, e eu também!". O sábado é um sinal do *eschaton* que virá; o Novo Testamento fala de Jesus como o próprio *eschaton* em carne e osso, o tempo sagrado vivificado. Essa é a minha sugestão, em vez de qualquer proposta simplista de "rejeição ao legalismo", ou de algo parecido que esteja por trás do sumiço generalizado do mandamento do sábado no cristianismo primitivo, e essa é uma dica do caminho pelo qual o material surpreendentemente complexo sobre o sábado pode revestir-se de uma autoridade poderosa para o cristão de nossa época ou de qualquer momento da história.

DEVE-SE GUARDAR O SÁBADO NA ATUALIDADE?

Como ficamos com relação à observância do sábado, e o que aprendemos sobre o tema que desenvolvemos neste livro, a "autoridade das escrituras", ou, em outras palavras, a autoridade que Deus exerce por meio delas?

A princípio, nossa investigação torna a repetição dos Dez Mandamentos, da forma como se apresentam, bem problemática. Os membros da igreja há muito tempo se acostumaram a descartar afirmações como "Eu sou o Senhor, teu Deus, que te tirou da terra do Egito", ouvindo essa afirmativa simplesmente como um belo preâmbulo metafórico (além de possivelmente associá-la aos acontecimentos pascais da morte e da ressurreição de Cristo), mas será que conseguiram "decodificar" o mandamento do sábado? Desconfio que não. Na verdade, pode ser que a inclusão de todos os Dez Mandamentos na liturgia cristã, apesar de o Novo Testamento não incluir o mandamento do sábado, tenha algo a ver com a premissa de um sabatismo cristão que se foi desenvolvendo com o passar dos anos, de forma acrítica e sem ironia, que "o Dia do Senhor" agora incorpore todo o significado das normas a respeito do sétimo dia no Antigo Testamento.

Logo, será que não existe um "equivalente cristão" do sábado do Antigo Testamento? Inclino-me a acreditar que sim, mas ele funciona de forma bem diferente. No momento presente, em que céus e terra se reuniram em Cristo e o novo dia amanheceu, vivemos (a partir dessa perspectiva) em um sábado perpétuo. "O tempo é chegado", e não devemos tentar desvalorizar a constatação da percepção de que nasceu uma nova qualidade de tempo. Portanto, o modo adequado de celebrar qualquer tipo de "sábado cristão" poderia limitar-se somente a isso — uma celebração: um modo de reconhecer de forma criativa, na música, na arte, na dança e na vida familiar, o fato de que o céu e a terra se encontraram de fato em Jesus, e que "o que sobrou" do dia de descanso antigo foi substituído pela "celebração" do novo.

Essa visão do tempo se encaixa em uma visão cristã do espaço (ou do "lugar") e da matéria. O fato de que o "novo templo" foi estabelecido em Jesus e pelo Espírito não quer dizer que não exista uma teologia cristã específica sobre o espaço sagrado. O fato de que toda a criação agora foi santificada de maneira inédita pelo Filho de Deus quando participou de nossa humanidade feita de barro não indica que não existam elementos da criação em particular que ele mesmo nos ensinou a santificar como elementos de sua presença e de seu amor — em outras palavras, a água, o pão e o vinho. Além disso, novamente segundo o próprio Jesus em Mateus 25, devemos acrescentar a isso o pobre e o necessitado: ele disse que, quando lhes tratamos bem ou mal, estamos agindo da mesma forma para com ele. Todas essas são as novas placas de sinalização para a realidade que está por vir. Portanto, de igual forma, elas constituem espaços em que é possível conhecer, honrar e buscar Jesus por meio da oração, do sacramento e do culto, que passam a sinalizar o revestimento completo da terra com sua glória. Os elementos cultuais se nutrem dessa criação futura cheia de glória para transmitir a presença e o poder de Jesus até mesmo no presente. Da mesma maneira, reconhecemos duas realidades aparentemente conflitantes. É fato que o tempo chegou, mas os dias ainda "são maus" (Efésios 5:15-16; Colossenses 4:5). Por um lado, o tempo foi redimido e transfigurado, mas, por outro, ainda será redimido completamente. Esse é o motivo pelo qual temos o mandamento de "remi-lo" até mesmo no presente. Toda renovação cristã dos elementos do sábado deve ser vista dentro desse contexto maior.

Neste ponto, temos de recorrer a uma sabedoria mais profunda. Uma vida humana saudável sempre deve levar em conta os propósitos de Deus para a criação, para os animais, para os pobres e para os explorados. Precisamos elaborar especialmente maneiras adequadas em que essa nova qualidade de tempo, que ao mesmo tempo se cumpriu e não se cumpriu, um tempo em que a presença de Deus é percebida de uma maneira nova, pode ser destacada de um modo melhor. A impressão que eu tenho é que, na verdade, os cristãos primitivos, bem antes de pensar em "traduzir" o sábado antigo em domingo, costumavam guardar o Dia do Senhor de um modo totalmente adequado, celebrando juntos em uma refeição que simbolizava sua morte vitoriosa que concretizou esse tempo. Além disso, o Dia do Senhor não pode ser visto no contexto dessa conquista central como a abstenção de algumas atividades, mas, em vez disso, como o envolvimento em tarefas boas e adequadas, sem se recusar a fazer alguns tipos de trabalho, mas dedicando-se a fazer outro tipo de coisa — gestos de cura, de misericórdia, de justiça, de beleza, de amor. Essas coisas podem ser bem diferentes daquelas que costumamos fazer nos outros dias da semana. O domingo, em muitas culturas, é um dia excelente para visitar presídios, para oferecer ajuda em um asilo do bairro, para dedicar tempo às pessoas idosas e aos vizinhos que não podem sair de casa e para dar condições para que as crianças com necessidades especiais tomem um pouco de ar puro e ajudem sua família a cuidar delas. Todas essas coisas nos fazem lembrar simbolicamente da junção entre o nosso tempo e o tempo de Deus em Jesus Cristo, enquanto apontam para o tempo completamente remido que está por vir.

ESTUDO DE CASO: O SÁBADO

Entretanto, isso parte da premissa de que já está em curso um ordenamento de toda a vida humana, segundo o qual a preocupação moderna especialmente ocidental com o trabalho incansável é tratada com firmeza. Talvez precisemos repensar o sentido contemporâneo do mandamento que se encontra no livro de Deuteronômio, de que os fazendeiros não devem colher as bordas dos campos, mas devem deixar alguma coisa para os pobres e para os animais. As instalações das fazendas onde anteriormente os pássaros podiam fazer seus ninhos debaixo dos beirais estão se tornando cada vez menos acolhedoras; as sebes que costumavam abrigar milhares de animais pequenos e de insetos estão sendo cortadas para aumentar o tamanho dos campos, sem que se pense nas consequências indesejáveis para o ecossistema em geral, e assim por diante. Em nosso mundo, há muito trabalho para alguns e pouco para outros, o que necessariamente é um mau sinal. As coisas estão se tornando perigosamente desequilibradas porque muitos permanecem em seus escritórios por mais de 12 horas por dia enquanto outros passam o tempo todo em casa ou nas ruas sem ter o que fazer. O uso sábio do tempo pode fazer parte de uma boa estratégia para se lidar com esse desequilíbrio. No fim das contas, boa parte do uso indiscriminado do tempo vem de uma ansiedade nervosa para obter recursos: preciso trabalhar um pouco mais para ganhar um pouco mais de dinheiro... e o uso renovador do Dia do Senhor que proponho só tem como "funcionar" se os outros seis dias da semana tiverem um equilíbrio entre trabalho e lazer. Tudo isso serve como "aplicação", não somente do princípio sabático em geral, mas também do princípio do Jubileu em particular. Agora, que Jesus anunciou e inaugurou o Jubileu, uma das coisas mais importantes que todo cristão pode fazer é exatamente perdoar as dívidas. Já escrevi em outras obras sobre a necessidade de perdoar as dívidas imensas e impagáveis de muitos dos países mais pobres do mundo. Nunca tive a expectativa de testemunhar uma época em que os governos ao redor do mundo passariam a concordar em cancelar as dívidas de *bancos extremamente ricos*. Um Jubileu hoje para os ricos, e amanhã para os pobres, se eles tiverem sorte! Esse é um mundo desconjuntado que precisa urgentemente resgatar o sentido profundo da mensagem de Jesus.

De forma particular, se o "descanso" de Gênesis 2 trata do momento em que Deus vem "habitar" na casa que ele construiu, o templo do qual o céu e a terra fazem parte, então existe muito a ser dito sobre a celebração da casa, seja grande, seja pequena, como o lugar em que simplesmente devemos ficar, para nos ocupamos em atividades caseiras criativas e alegres. Com certeza, se alguém quiser considerar minhas sugestões sobre o domingo como mais uma tarefa na lista da vida do lar do cristão, que já está extremamente ocupado, porá a perder toda a estrutura da minha proposta.

Então, quero afirmar com isso que não há, nem pode haver, uma "transferência" direta do sábado do Antigo Testamento para o domingo cristão. Além disso, a abolição aparente do sábado nada tem a ver com "legalismo judaico", muito menos com algum relaxamento das exigências absolutas e completas de Deus sobre suas criaturas humanas. Pelo contrário, o evangelho de Jesus Cristo transformou completamente o sábado e todas as outras coisas. Ele nos devolve a responsabilidade: no domingo, o que *você* fará de criativo, que promova a justiça e a misericórdia, que traga cura e esperança? Essa é postura típica e característica cristã de ver todas as promessas de Deus terem o seu "sim" em Jesus Cristo e depois resolver, por sua conta e risco, o sentido delas na prática. Podemos entendê-las de forma equivocada. Nesse caso, como em todos os outros, temos de "ser transformados pela renovação da nossa mente", e, à medida que esse processo concedido pelo Espírito Santo for se desenvolvendo, aprendemos muito mais com nossos erros. No entanto, ainda que tenhamos cometido esses erros no drama da graça — já que o nosso tempo linear contínuo é bombardeado, pontuado e infiltrado pelos acontecimentos passados da criação e do êxodo de Deus e, acima de tudo, de Jesus, além do acontecimento futuro da renovação de todas as coisas, toda a criação acabará colocando tudo em ordem pelo juízo e pela misericórdia de Deus.

ESTUDO DE CASO: O SÁBADO

O que tudo isso nos ensina sobre a leitura bíblica e sobre viver debaixo da autoridade de Deus por meio dela? Acredito que existem muitas coisas importantes a aprender.

A princípio, fica bem claro que não podemos simplesmente coletar todos os tipos de "mandamento" do Antigo Testamento e partirmos da premissa de que eles podem ser aplicados literalmente depois da ressurreição de Cristo dentre os mortos. Contudo, gostaria de insistir que não se faz isso porque o Antigo Testamento seja uma revelação de segunda classe, uma primeira tentativa desprezível de nos transmitir uma mensagem a partir da qual as coisas passaram a "evoluir" para uma qualidade melhor, quando as pessoas começaram a entender e a mensagem ficou menos distorcida (dando a entender que provavelmente agora avançamos ainda mais e podemos descartar também parte do Novo Testamento). Esse tipo de reação surge somente porque, para muitos no mundo e na igreja ocidentais, a Bíblia se limita basicamente a uma espécie de manual de regras, sendo que as perguntas que devemos fazer para interpretá-la se resumem a quais são essas regras e como devemos aplicá-las. A Bíblia é muito mais do que isso (ainda que, mesmo assim, as "regras", que devem ser entendidas como diretrizes dentro das quais o caráter cristão deve ser formado, continuam a ser importantes, embora, sem a compreensão do contexto maior da Bíblia, não sejamos capazes de entender o motivo pelo qual se apresentam dessa forma ou como aplicá-las: consulte o livro *After you believe* [Depois que você crê]). A Bíblia, como já escrevi várias vezes por todo o livro, é uma *narrativa*, e sua autoridade é despertada quando aprendemos como ela funciona e qual é nossa participação dentro dela. No que diz respeito à peça com cinco atos, a lei do sábado no Antigo Testamento tem uma contribuição fundamental no terceiro ato com base no próprio primeiro ato, mas, depois de o quarto ato trazer um novo dia, não se deve ver o terceiro como uma trama paralela ou incidental, mas, sim, como um estágio necessário, mesmo sendo limitado pelo tempo em que se prepara o terreno para essa concretização renovadora. Além disso, nós, que vivemos no quinto ato, temos de passar adiante essa narrativa com todos os atos que fazem parte dela, para que possamos entender a importância permanente do sábado, mesmo depois de sua tradução para o "agora" do evangelho que concede vida. Tratar o mandamento do sábado no Antigo Testamento como uma regra antiga e restritiva que felizmente foi abolida seria o mesmo que ignorar todo o princípio que Jesus afirmou com insistência em Lucas 4 e em outras passagens: o propósito de Deus de vir em pessoa para habitar em sua criação, dentro dos limites do espaço, do tempo e da matéria, com a tarefa de trazer liberdade aos presos e principalmente perdoar dívidas.

Portanto, mais uma vez, nós vemos como pode ser enganoso e superficial pensar na autoridade das escrituras sob a perspectiva de que ela tem algumas partes (primitivas) ensinando uma religião de autoajuda moral, vendo o sábado como um exemplo fundamental de mandamento arbitrário, cuja observância, de alguma forma, conquistaria o favor de Deus, de modo que a "autoridade" do Novo Testamento seria sua eficácia em passar por cima do que era antigo ao abolir um estilo de vida tão humilhante. O impasse antigo entre "legalismo" e "antilegalismo" simplesmente apresenta uma ideia errada de onde se encontram as questões principais da Bíblia. Em vez disso, há uma grande transição definida pelo próprio Jesus em sua morte e ressurreição, e nós temos de ler toda a Bíblia de acordo com essa transição, sem partir do princípio de que podemos ignorar isso e extrair princípios gerais à vontade dos dois testamentos sem nenhuma relação com Cristo. Como vimos, a autoridade das escrituras deriva da própria autoridade de Jesus.

Entretanto, essa grande transição não dá a entender que temos a permissão de descartar o Antigo Testamento. Muito pelo contrário, só podemos entender o que o Novo Testamento quer dizer quando nos referimos ao Antigo, que é a narrativa e o símbolo que foram os indicadores concedidos por Deus do que haveria de vir. Ler as escrituras desse modo equivale a afirmá-las em sua totalidade, do Gênesis ao Apocalipse, identificando-as como são: a narrativa cujo clímax é Jesus Cristo, cujo ato final está em aberto para que possamos entrar nele, a história em que o céu e a terra se unem, onde Deus e a humanidade vivem em comunhão, e o passado e o futuro se envolveram no presente especial de Jesus Cristo, de modo que agora todo o tempo se transforma em sua presença. Somos chamados a viver no sábado infindável da nova criação de Deus, mesmo enquanto a velha criação continua a gemer com as dores de parto, aguardando sua redenção total. A condição contínua do que acabamos de falar (o gemido da criação) indica que ainda precisamos organizar nossa vida com sabedoria, em um ritmo adequado de trabalho e descanso, a ser vivido e negociado caso a caso e em cada lugar específico, de modo que honre ao máximo o ritmo de sete dias da criação de forma adequada. Porém, a condição antiga — no caso de não reconhecermos essa condição, o sábado eterno do reino de Deus que já foi inaugurado, somos como os gálatas confusos, que queriam voltar para a segurança aparente das regras criadas para o período "anterior à fé" — indica que o descanso antigo do sétimo dia de Êxodo e de Deuteronômio cumpriu sua função. Essa constitui tanto a explicação dos gestos como as palavras de Jesus, que, de outro modo, soariam estranhas. Essa também é a pista de como a autoridade das escrituras realmente funciona nesse caso em particular. As velas do período da noite se tornam desnecessárias por causa do sol que vem raiando. A própria expressão "autoridade das escrituras" só funciona adequadamente, do mesmo modo que a Bíblia funciona, transcendendo a si mesma — para a narrativa em tempo real do mundo atual da criação e da aliança que alcançou seu auge no próprio Jesus e que agora busca alcançar o mundo com a mensagem da liberdade e do descanso, a mensagem do sábado que o mundo ainda está com fome de ouvir.

ESTUDO DE CASO: MONOGAMIA

O SEGUNDO ESTUDO DE CASO de para demonstrar como as escrituras são o instrumento pelo qual Deus exerce a própria autoridade lida com uma questão a princípio inusitada: a monogamia — o casamento vitalício entre um homem e uma mulher.

Ela é "a princípio inusitada" sob uma perspectiva ocidental. Neste mundo, muitas pessoas dentro e fora da igreja até mesmo ficarão surpresas de essa questão ser levantada. Com certeza, eu sei muito bem que existem muitas partes do mundo em que se permite e até se incentiva a poligamia. Eu havia escrito originalmente a expressão "até hoje" na frase anterior, mas isso parece se haver tornado um lugar-comum: a ideia de que a moralidade familiar "evoluiu" de modo consistente a ponto de as formas de vida "primitivas" serem descartadas é justamente uma das premissas condescendentes que, via de regra, nos impede de pensar com clareza sobre essas questões. Logo, os jornais ingleses expressaram surpresa, curiosidade e um complexo de superioridade étnica bem evidentes quando, no início de 2010, o presidente da África do Sul fez uma visita diplomática a Sua Majestade, a rainha Elizabeth, trazendo consigo uma de suas várias esposas. Elas (as esposas) pareciam felizes com o acordo conjugal. Quando foi indagado a esse respeito, ele afirmou que, em sua própria cultura, a poligamia sempre foi a regra geral. Já que nem mesmo a bigamia (ter apenas duas mulheres) é permitida na Grã-Bretanha, como em muitas partes do mundo ocidental moderno, a poligamia é extremamente ilegal. Na verdade, trata-se de um fato curioso.

Essa mesma perspectiva seria igualmente curiosa e bem mais condescendente em muitas partes do mundo atual. Na verdade, é um problema bem conhecido entre cristãos de alguns países, inclusive em muitas sociedades tradicionais e em alguns países de maioria muçulmana: o que um homem que se torna cristão mas já possui três mulheres pode fazer? Tanto o divórcio como a poligamia são proibidos. A solução para alguns cristãos africanos tem sido dizer que essas pessoas podem tornar-se cristãs, que não se exige que escolha uma das esposas e abandone as outras (em muitas culturas, isso seria algo desesperadamente cruel), mas — isso é importante — que eles não poderão ser consagrados a cargos eclesiásticos, e que nenhum filho de polígamos convertidos pode adotar essa prática, a menos que queiram abandonar a fé cristã que os pais adotaram.

O mundo é, de fato, bem mais complexo e confuso quanto a essas questões do que muitos ocidentais imaginam. Com certeza, no coração dos Estados Unidos, como se sabe muito bem, os mórmons adotam a poligamia e desenvolvem seu próprio estilo de vida. Entretanto, isso é visto pela maioria dos norte-americanos como a criação de uma polêmica, e não como uma alternativa legítima.

Até onde sei, quase ninguém no mundo ocidental questionou a afirmação de que a monogamia deve ser considerada a norma. É bem certo que, no momento, existe um movimento em algumas partes dos Estados Unidos a favor do poliamor, um acordo segundo o qual três ou mais pessoas de ambos os sexos concordam em compartilhar sua vida, inclusive com relações sexuais dos tipos mais variados. Isso parece ser uma versão mais flexível da poligamia, que consiste em uma combinação — pelo menos a princípio — da poligamia e da bissexualidade, da poliginia (um homem com muitas esposas) com a poliandria (uma mulher com muitos maridos), mas, para

ESTUDO DE CASO: MONOGAMIA

a maioria das pessoas no mundo moderno, supõe-se que a monogamia é o padrão. Aqueles que querem viver outras opções normalmente seguem o caminho dos casos clandestinos ou do divórcio e do novo casamento, em vez de tentar aumentar, por meios justos ou escusos, o tamanho da unidade básica do casamento. Infelizmente, os triângulos amorosos são comuns, ainda que os *ménages à trois* sejam menos frequentes.

Suspeito que, se questionada a respeito, a maioria das pessoas justificaria a norma da monogamia recorrendo à tradição judaico--cristã, porém qual seria o motivo disso? Qual passagem bíblica diz que o casamento sempre deve ser celebrado entre um homem e uma mulher e que só pode ser dessa maneira? Não é verdade que alguns dos grandes heróis das escrituras são conhecidos por seus muitos casamentos, desde Jacó, com suas duas mulheres (e duas concubinas), passando por Davi, com suas dúzias, e até Salomão, com suas centenas de esposas? Qual é a referência do Novo Testamento que diz que não se pode mais fazer isso? Suspeito que é somente o contexto social do mundo ocidental que impede que mais pessoas comentem sobre isso, e sobre as questões de interpretação bíblica e de autoridade que são levantadas com esse tema. Nossa preocupação neste livro se restringe à autoridade bíblica, mas temos de entender bem esse tópico atual para perceber o significado da "autoridade bíblica" nesse caso.

Afinal de contas, nossa geração pode lembrar-se muito bem de que uma maioria bem ampla do mundo ocidental cultivava a mesma crença sobre o comportamento homossexual que a maioria das pessoas ainda mantém sobre a poligamia: essa era uma prática estranha que "nós" não admitíamos. Como os tempos mudaram! Além disso, no contínuo debate sobre o comportamento homossexual, quem apoiou a liberalização "mais recente" não poupou demonstrações de desprezo a livros como Levítico, em que se encontram as proibições antigas mais óbvias. Afinal de contas, Levítico proíbe comer porco e mariscos, não permite usar roupas feitas de dois ou mais materiais, contém todo tipo de regras e exigências em assuntos semelhantes aos da saúde pública que a ciência de hoje parece tornar desnecessárias. Portanto, por que (propõe o argumento) devemos dar importância a seus códigos de conduta sexual? Além do mais — aqui vem a parte principal, a premissa implícita por trás de muitos métodos equivocados de leitura bíblica —, de qualquer modo o Antigo Testamento consistia em uma religião da lei, de proibições ferozes, de regras severas, mas o Novo Testamento apresenta uma religião da graça, de regras frouxas e que evita proibições, um mundo inclusivo no qual todas as coisas que anteriormente eram proibidas (como a carne de porco e os mariscos) passaram a ser permitidas, e todas as coisas que antes eram obrigatórias (como a circuncisão e o sábado) agora são opcionais. Essa percepção sobre "o modo como a Bíblia funciona" se tornou endêmica em uma boa parte do mundo e da igreja ocidental. Portanto, quando, no caso da monogamia, parece que o Antigo Testamento é bem mais "liberal" que o costume moderno ocidental, qual é o problema? Se a mensagem de Jesus trata de inclusão, por que não incluir as pessoas cujos instintos se inclinam a ter vários parceiros simultâneos? Se o Novo Testamento normalmente afrouxa as restrições severas do Antigo Testamento em favor de uma inclusão generosa, livre da lei, de mente e mãos abertas, quanto mais devem os seguidores de Jesus estar prontos a reconhecer a adequação, o valor e a "naturalidade" dos casamentos múltiplos que eram aparentemente comuns no Antigo Testamento e nunca proibidos de forma clara no Novo Testamento?

O caso da monogamia mostra exatamente quanto toda essa abordagem é, de fato, equivocada. Ele serve como um caso interessante para testar como funciona o significado da "autoridade das escrituras" na prática justamente por não se tratar de um tema de maior controvérsia nos debates recentes.

Obviamente, isso não quer dizer que o Antigo Testamento esteja cheio de casos de poligamia. O casamento de Adão e Eva pode ter sido disfuncional de outras maneiras, porém, até mesmo por não haver outra opção, eles pelo menos eram casados somente um com o outro. No entanto, deparamos, umas poucas gerações depois,

ESTUDO DE CASO: MONOGAMIA

com Lameque, que teve duas mulheres: Ada e Zila. Lameque foi um homem violento, que se vingou várias vezes de seus inimigos, e parece que o escritor de Gênesis não aprova esse comportamento (Gênesis 4:23-24). Entretanto, o fato de ele ter tido duas mulheres parece passar despercebido.

Podemos até dizer que aquela era uma época selvagem e sem lei, antes que Deus desse origem a seu povo Israel. Com certeza, uma vez que o povo fosse implantado de forma adequada, essas confusões quanto à ordem da criação seriam resolvidas. Até certo ponto, elas foram, mas nem tanto. O início não pareceu muito promissor. Depois de praticamente um século de casamento monogâmico com Sara, Abraão se ramifica, seguindo a sugestão da própria Sara de receber sua serva Agar como sua segunda esposa — e acaba descobrindo que, quando ela lhe dá um filho, a situação em si causa vários problemas inesperados. O narrador de Gênesis pode muito bem estar tentando nos dizer alguma coisa nessa passagem, mas, se esse for o caso, essa mensagem permanece um tanto oculta.

A próxima geração passa pelo casamento monogâmico sólido de Isaque e Rebeca. Sempre sinto uma leve satisfação com o fato de que, na cerimônia de casamento do Livro de Oração Comum de 1662, uma das orações mencionar Isaque e Rebeca como um ótimo exemplo de casamento fiel. Quem criou essa oração pisou em campo minado, considerando o que aconteceu com as gerações anteriores desse casal. Abraão, conforme acabamos de observar, dificilmente seria considerado um modelo, e os dois filhos de Isaque também não servem: primeiro, vemos seu filho mais velho, Esaú, contraindo matrimônio com duas mulheres hititas que entristeceram muito a vida de seus pais (Gênesis 26:34-35). Depois, obviamente, Jacó consegue duas esposas por acidente e depois mais duas (as servas das respectivas esposas) de propósito. Destaco novamente que o narrador quer nos dizer, à medida que vai desenvolvendo a grande história de José — este sendo o primogênito de Raquel, a esposa predileta de Jacó —, que tudo isso é muito insensato e redundará em lágrimas. Por um lado, isso é um fato; por outro, não: "Vocês planejaram o mal contra mim", diz José no final a seus irmãos, "mas Deus o tornou em bem" (Gênesis 50:20).

E então? Será que o Antigo Testamento se prepara para permitir a bigamia e a poligamia, não necessariamente como a melhor prática, mas como alternativas viáveis? Parece que a narrativa continua nesse clima. De fato, o código mosaico legisla sobre essa possibilidade:

> Se um homem tiver duas mulheres e preferir uma delas, e ambas lhe derem filhos, e o filho mais velho for filho da mulher que ele não prefere, quando der a herança de sua propriedade aos filhos, não poderá dar os direitos do filho mais velho ao filho da mulher preferida, se o filho da mulher que ele não prefere for de fato o mais velho. Ele terá que reconhecer o filho da mulher que ele não prefere como filho mais velho, dando-lhe porção dupla de tudo o que possui. Aquele filho é o primeiro sinal da força de seu pai e o direito do filho mais velho lhe pertence. (Deuteronômio 21:15-17.)

Uma passagem semelhante se encontra em Êxodo 21:7-11 e parece legislar sobre a possibilidade de que um homem venha a pagar o dote de uma escrava como esposa e depois se casar com outra do mesmo modo, e nesse caso "não poderá privar a primeira de alimento, de roupas e dos direitos conjugais" (21:10).

As provas prosseguem na mesma direção, com o respaldo cada vez maior nos tempos da monarquia. O pai de Samuel tem duas mulheres e anda na corda bamba entre aquela que ele ama mais, que é estéril (até a chegada de Samuel), e aquela a quem ama menos, que gera filhos (1Samuel 1:1-28). No entanto, quando chegamos a Davi, a poligamia começa a aumentar de forma galopante. Saul já lhe havia concedido sua filha Mical como esposa (1Samuel 18:20-29), mas isso não durou muito tempo, pois Davi teve de fugir da presença de Saul. Então, Davi se casou com Abigail, viúva de Nabal (1Samuel 25), e, ainda que de forma incidental,

ESTUDO DE CASO: MONOGAMIA

com Ainoã de Jezreel (1Samuel 25:43). Então, depois da morte de Saul, ele resgatou Mical, apesar de ela ter sido dada a outro homem depois de ele ter saído de casa (2Samuel 3:12-16) — uma história triste, que reflete, como se pode imaginar, a intenção de adotar uma estratégia de continuidade na dinastia (para evitar que a filha de Saul gerasse uma casa real rival) em vez de ser motivada por fidelidade ou amor. Não demora muito para que tenham um conflito que leva Davi a amaldiçoá-la, fazendo com que ela continuasse estéril (2Samuel 6:20-23). Em todo caso, assim que Davi toma posse como rei, ele faz o que outros potentados antigos (e alguns modernos) costumam fazer: "Depois de mudar-se de Hebrom para Jerusalém, Davi tomou mais concubinas e esposas, e gerou mais filhos e filhas" (2Samuel 5:13).

Então, com certeza, como se não bastassem todas as esposas e concubinas que ele podia adquirir por meios aparentemente legítimos, Davi quebra outro limite ao cometer adultério e assassinato. Bate-Seba é acrescentada ao grande número de esposas que ele possui, enquanto seu marido, nobre e corajoso, é levado à morte (2Samuel 11).

É o seu adultério, em vez de sua poligamia, que o narrador indica, não de forma casual, mas por toda a narrativa, como a causa dos fracassos posteriores de Davi. A corrupção moral do chefe se espalha por toda a casa, levando Absalão a assassinar Amnom e depois a se rebelar contra ele, tendo como seu apogeu a visita desse seu filho à tenda no terraço do palácio, onde se encontravam as concubinas de seu pai (o lugar de onde Davi tinha avistado Bate-Seba pela primeira vez: compare 2Samuel 11:2 com 16:22) diante dos olhares de todos. Davi é completamente humilhado, e mesmo com o término da rebelião e com sua retomada do poder, nada voltou a ser como era. Existe um tom levemente irônico no fato que, quando Davi está muito velho e seus súditos tentam reanimá-lo com uma nova concubina, ele não se relaciona sexualmente com ela (1Reis 1:1-4).

O narrador não parece importar-se muito com o fato de que Davi teve mais mulheres do que a maioria dos israelitas. (Na verdade, o limite parecia ser a capacidade do homem manter uma família tão grande.) O problema estava no adultério, não na poligamia.

Além disso, não foi a poligamia que se percebeu como problema em Salomão, o sucessor de Davi, mas, sim, o politeísmo. Seu casamento inicial com a filha do Faraó do Egito (1Reis 3:1; 9:16) foi complementado por muitos outros casamentos com mulheres estrangeiras, em desacordo com o exemplo de seu pai e o mandamento de Deuteronômio 7:3-4 (geralmente considerado posteriormente). Nessa passagem, o narrador é franco e direto:

> O rei Salomão amou muitas mulheres estrangeiras, além da filha do faraó. Eram mulheres moabitas, amonitas, edomitas, sidônias e hititas. Elas eram das nações a respeito das quais o Senhor tinha dito aos israelitas: "Vocês não poderão tomar mulheres dentre essas nações, porque elas os farão desviar-se para seguir os seus deuses". No entanto, Salomão apegou-se amorosamente a elas. Casou com setecentas princesas e trezentas concubinas, e as suas mulheres o levaram a desviar-se.
> À medida que Salomão foi envelhecendo, suas mulheres o induziram a voltar-se para outros deuses, e o seu coração já não era totalmente dedicado ao Senhor, o seu Deus, como fora o coração do seu pai, Davi. Ele seguiu Astarote, a deusa dos sidônios, e Moloque, o repugnante deus dos amonitas. Dessa forma, Salomão fez o que o Senhor reprova; não seguiu completamente o Senhor, como o seu pai, Davi. No monte que fica a leste de Jerusalém, Salomão construiu um altar para Camos, o repugnante deus de Moabe, e para Moloque, o repugnante deus dos amonitas. Também fez altares para os deuses de todas as suas outras mulheres estrangeiras, que queimavam incenso e ofereciam sacrifícios a eles. (1Reis 11:1-8)

ESTUDO DE CASO: MONOGAMIA

Podemos nos admirar com a ideia de Davi seguir ao Senhor completamente, mas isso parece indicar que Davi, apesar de ter pecado obviamente contra o Senhor e saber perfeitamente o que tinha feito, nunca adorou a outros deuses. No entanto, é claro que, nessa passagem, temos a fonte principal da poligamia séria: Salomão, o homem mais sábio da história! Essa passagem implica muitas ironias, mais do que se possam mencionar, ou ao menos estudar.

Com certeza, esses polígamos bíblicos famosos não são os únicos. Uma pesquisa rápida na Internet revelou um site da Web (<www.biblicalpolygamy.com>) que sugere que a prática da poligamia de algum modo é bíblica, e lista como "polígamos bíblicos" (alguns por dedução em vez de declaração) Abdom, Calebe, Davi, Elifaz, Elcana, Esaú, Esdras (não o principal da Bíblia, mas um homônimo anterior), Gideão, Hemã, Ibzã, Issacar, Jacó, Jair, Jeoaquim, Jerameel, Joás, Jorão, Lameque, Maquir, Manassés, Merede, Moisés, Naor, Oseias, Roboão, Saaraim, Salomão, Saul, Simeão, Simei, Terá, Zedequias e Ziba. Há controvérsias claras para alguns deles; por exemplo, não fica claro que a mulher cuxita (ou etíope) com quem Moisés se casou, segundo Números 12:1, não seja outra forma de identificar Zípora, filha de Reuel, com quem Moisés casou em Êxodo 2:21 — ou, se, de fato, a mulher cuxita for outra pessoa, que Zípora não tenha morrido antes que ele se casasse com essa mulher. Mesmo assim, a lista é bem impressionante — para qualquer pessoa que suponha que, se algo "está na Bíblia", é automaticamente válido. O site em questão também indica que o Antigo Testamento retrata o próprio YHWH como polígamo, casado com Israel e Judá (Jeremias 3:6-14; Ezequiel 23:4). É claro que podemos responder que uma figura metafórica, como na parábola de Jesus do juiz iníquo, não deve ser usada para declarações teológicas exatas, mas com certeza é incrível que os profetas não se tenham constrangido com essa comparação. O mesmo site também observa que, quando Paulo confronta o homem incestuoso em 1Coríntios 5, aceita-se que a expressão "a mulher do seu pai" trate de alguém que não seja a mãe desse homem, o que leva à conclusão de que o pai em questão tinha pelo menos duas mulheres. Levanto novamente a ressalva de que esse pai possa ser viúvo ou que se tenha divorciado ou casado novamente, mas deixemos em aberto a hipótese um pouco mais. O site da Web está claramente tentando defender esse ponto de vista, valendo-se mais de astúcia do que propriamente de argumentos plausíveis, mas devem-se levar em conta essas referências.

No entanto, a pergunta a ser formulada em meio a tudo isso, em um livro sobre a autoridade das escrituras, é o que se deve fazer com essas informações.

Nesse ponto, começamos a abordar uma questão importante sobre a autoridade das escrituras. A Bíblia descreve um grande número de coisas, conta muitas histórias e retrata muitos personagens sem a intenção de que se tornem exemplos de conduta. Isso deve ficar bem claro, mas, se o único critério importante for a citação bíblica, nós acabamos limitando todas as leituras cristãs (ou até mesmo judaicas) sérias sobre o texto à ideia de que a Bíblia consiste em uma colcha de retalhos com dicas úteis. Essa ideia é a antítese, em outro estágio do argumento, da concepção de que a questão principal do Novo Testamento é de, pelo menos, fazer uma crônica da "experiência cristã primitiva", como se essa "experiência" fosse o aspecto principal e que tudo o que permite que as pessoas se aproximem dela, para resgatar o entusiasmo inicial dos primeiros seguidores de Jesus, deve ser adotado e até mesmo tratado como algo autorizado. Afirmo que se trata de um grande equívoco, e o processo de catalogar todos os polígamos da Bíblia, como se isso legitimasse esse comportamento, faz parte dessa mesma armadilha.

Entretanto, se Abraão, Jacó, Davi e Salomão — que, sem dúvida alguma, são quatro heróis do Antigo Testamento — e, com certeza e de forma inquestionável, eram polígamos, e se o narrador, enquanto chama a atenção para os problemas decorrentes, não os condena por essa prática de forma discriminatória, com que base podemos dizer que a leitura cristã séria da Bíblia acaba não se revelando favorável à poligamia?

Vamos levar em conta o Novo Testamento. Parece que, na época de Jesus, a poligamia havia perdido seu apelo nos círculos judaicos (o que não deixa de ser uma questão interessante, mas não para o momento). No entanto, ainda era bem difundida em alguns países pagãos, inclusive, de modo óbvio, nas culturas de origem de muitos convertidos gentios primitivos. Esse provavelmente é o cenário da proibição das pessoas que exercem um cargo na igreja de ter mais do que uma esposa (1Timóteo 3:2; Tito 1:6) e de incluir na lista oficial de viúvas toda aquela que já teve mais de um marido (1Timóteo 5:9). Qual será o motivo dessa proibição? Ela parece indicar duas coisas: em primeiro lugar, havia algumas pessoas na igreja que haviam sido, ou ainda eram, polígamas, e o segundo motivo era que os cristãos primitivos acreditavam que a igreja, por meio de seus representantes oficiais, tinha de manter uma coerência, e que a face pública da igreja deveria propor o casamento monogâmico e o celibato como as únicas opções permitidas.

[Qual a razão disso?]

Enquanto refletimos sobre esse motivo, declaramos que, também em outras áreas relacionadas, o Novo Testamento é mais severo nessa área do que o Antigo. Não vemos aqui o Antigo Testamento estabelecendo uma lei exigente com uma aplicação legalista, seguida por um descarte de tudo isso pela nova religião de graça, perdão, inclusão e sabe-se lá mais o quê. O que acontece é o contrário. No Antigo Testamento, o divórcio é fácil (apesar de os profetas posteriores declararem que Deus o odeia: Malaquias 2:16); no Novo Testamento, ele é proibido, exceto em situações bem restritas e específicas (Mateus 5:32; 19:9; 1Coríntios 7:8-17). A meu ver, essas passagens abrem a possibilidade de um novo casamento depois desse divórcio, mas existem muitos especialistas sérios que discordam disso. No Antigo Testamento, o celibato não é visto como uma opção séria, e no mundo do Novo Testamento observamos o mesmo: quase todas as pessoas se casavam. Entretanto, no Novo Testamento, seguindo sem dúvida o exemplo do próprio Jesus, o celibato veio a ser uma alternativa viável e radical (1Coríntios 7:1-8, 25-40). Isso deve ter causado um grande impacto, especialmente no caso das mulheres. Uma mulher solteira em idade de casar seria considerada uma ameaça social para muitas comunidades. Entretanto, Paulo recomenda a prática como uma opção digna, ainda que (como pastor experiente) ele saiba que o celibato não é para todos e que o casamento apresenta suas próprias dificuldades (1Coríntios 7:28).

Não é nada bom, portanto, considerar o Antigo Testamento o livro do legalismo feroz e o Novo Testamento o livro das opiniões suaves e da inclusão tranquila. Acontece justamente o contrário. O Novo Testamento é que propõe o desafio severo: a nova criação está sendo inaugurada, e espera-se que os indivíduos que seguem a Jesus vivam como membros da família dessa nova criação, como modelos que a reflitam. Isso só se torna possível (para resumir várias outras linhas de raciocínio) por causa da vitória de Jesus na cruz e na ressureição sobre todos os poderes do mal, e por causa do dom do Espírito Santo concedido aos seus seguidores. Mesmo com tudo isso, o caminho para a vida em harmonia com a nova criação é difícil e complexo, como os próprios livros do Novo Testamento e os escritos dos mestres cristãos posteriores atestam. Entretanto, não se suavizam as exigências. O cristianismo não era, a princípio, uma "nova ética" — nem mais fácil nem mais difícil, nem imposta com maior ou menor rigor — que alguém pudesse adotar como uma alternativa diferente da de Aristóteles ou de Pitágoras, por exemplo. Tratava-se de um novo modo de vivenciar a natureza humana, uma revolução da cabeça aos pés na personalidade e no caráter, algo que exigia um crescimento no raciocínio e na percepção, nas decisões e nas escolhas (conforme escrevi em outro livro, veja em *After you Believe* [Depois que você crê]).

Portanto, onde se estabelece o princípio da monogamia no Novo Testamento? Exatamente nas passagens que falam da nova criação. A passagem mais surpreendente e óbvia é aquela em que se faz uma pergunta direta a Jesus sobre o divórcio. O contexto sugere uma manobra política: todos sabiam que Herodes Antipas havia tomado a mulher de seu irmão Filipe como esposa, e todos sabiam que João Batista, primo de Jesus, tinha sido preso e depois decapitado por falar exatamente contra isso. Será que Jesus cairia na mesma armadilha?

ESTUDO DE CASO: MONOGAMIA

Ele nunca faria isso em público. "Na casa", posteriormente, os discípulos lhe pedem mais detalhes, e ele os atende: o divórcio e o novo casamento se constituem em adultério (Marcos 10:10-12). Essa cena se parece com outras no evangelho em que Jesus diz algo surpreendente, ainda que de forma enigmática, e depois explica o ponto politicamente incorreto para os discípulos quando estão de portas fechadas (e.g., Marcos 7:17-23). No entanto, enquanto fala em público, Jesus se contenta em discorrer sobre o primeiro princípio:

> Alguns fariseus se aproximaram com uma pergunta, "é permitido", perguntaram eles, "a um homem divorciar-se de sua esposa?" Eles disseram isso para apanhá-lo numa armadilha. "Bem", respondeu Jesus, "o que Moisés lhes ordenou?" "Moisés nos permitiu", responderam eles, "dar uma certidão de separação e assim completar o divórcio". "Ele lhes deu este mandamento", disse Jesus "porque vocês têm o coração endurecido. No entanto, no princípio da criação
> 'macho e fêmea os criou; por isso
> deixará o homem pai e mãe
> e se unirá à sua mulher; e os dois serão
> uma só carne'.
> Aí está: eles não são mais dois, porém uma carne. O que Deus uniu, os humanos não devem separar".
> (Marcos 10:2-9)

Essa é realmente uma passagem fundamental para a questão da leitura cristã de toda a Bíblia. (*Moisés escreveu essa lei... mas no princípio da criação...*): Jesus está dizendo que todo o código mosaico constituía, a princípio, uma dispensação temporária, criada para levar adiante um projeto mais amplo que havia acabado de chegar, ou seja, a renovação de toda a criação, o recomeço do projeto esboçado em Gênesis 1—2. Em termos da peça com cinco atos que mencionei anteriormente, isso quer dizer que Jesus (no quarto ato) está declarando que, com a sua chegada, a dispensação temporária da lei mosaica (parte do terceiro ato) tinha cumprido sua função, e que agora deve dar lugar à causa principal que sempre correu em paralelo, ou seja, o resgate e o recomeço do primeiro ato, que foi abandonado ou distorcido pelo segundo. O terceiro era necessário "por causa da dureza dos corações"; mas, a menos que se entenda que Jesus está simplesmente sendo cruel ("Sei que o coração de vocês é duro e que não conseguirão guardar essa lei severa, mas mesmo assim insistirei nela"), temos de observar que intenta dizer que está trazendo cura à dureza do coração. Só quando adotamos esse raciocínio é que começamos a entender o desafio hermenêutico que enfrentamos no momento, isso sem levar em conta o desafio moral. Jesus está dizendo que devemos ler as escrituras como a narrativa da criação e da nova criação, e ler os códigos específicos do Antigo Testamento como meios provisórios ou temporários para que possamos atingir esse propósito mais amplo.

Isso explica, de uma vez, boa parte do argumento de Paulo — como o motivo, por exemplo, de as regras da circuncisão e as regras dietéticas deixarem de ser importantes na nova comunidade em que judeus e gentios se reuniam em um só corpo. No entanto, o resultado é fascinante no que diz respeito à questão da monogamia. Jesus e Paulo poderiam dizer a Abraão, Jacó, Davi, Salomão e aos outros polígamos o que Paulo disse aos anciãos em Atenas: Deus não leva em conta os tempos da ignorância, mas está fazendo algo novo, reconstruindo a criação do modo que foi criada para ser (veja Atos 17:30).

Além disso, no centro da criação original encontramos a monogamia: homem e mulher, dois se tornando um. Volto a dizer que é Paulo que celebra isso de um modo mais completo, na passagem espetacular de Efésios 5, que causa tanto sofrimento entre aqueles que a consideram hierárquica ou opressora. Sei que isso foge ao tema, mas é difícil imaginar algo tão longe da ideia de opressão quanto o modelo altruísta de marido que encontramos nesse texto. Paulo se baseia na mesma passagem de Gênesis que Jesus usou:

ESTUDO DE CASO: MONOGAMIA

> Esposas, sejam sujeitas a seus maridos, como ao Senhor. Veja que o homem é o cabeça da mulher, assim como também o Messias é o cabeça da igreja. Ele é o salvador do corpo. Mas, assim como a igreja está sujeita ao Messias, igualmente as mulheres devem ser sujeitas a seus maridos. Maridos, vocês devem amar suas esposas, como o Messias amou a igreja, e deu a si mesmo por ela, para que pudesse torná-la pura, purificando-a com água por meio das palavras. Ele fez isso a fim de apresentar a igreja a si mesmo em brilhante esplendor, sem qualquer mancha, defeito ou coisa semelhante — para que ela seja santa e sem marcas de sujeira. É assim que os maridos devem amar suas esposas, assim como eles amam os próprios corpos. Aquele que ama sua esposa ama a si mesmo. Afinal, ninguém odeia a própria carne: antes, alimenta-a e cuida dela, assim como o Messias faz com a igreja. "É por isso que o homem deixa seu pai e mãe e se une à sua esposa, e os dois se tornam uma carne." O significado dessa frase é muito profundo, mas, quando a leio, vejo uma referência ao Messias e à igreja. Seja como for, cada um de vocês precisa amar sua esposa como ama a si mesmo; e a esposa precisa tratar seu marido com respeito. (Efésios 5:22-33)

Tudo isso só faz sentido se e somente se: (a) a criação original for boa e (b) o Deus criador estiver empenhado em concretizar a nova criação. Essas duas questões têm sido bastante contestadas nas últimas gerações, exatamente como acontecia na igreja primitiva.

Em primeiro lugar, falemos da bondade da criação. Algumas pessoas já tentaram reintroduzir um dualismo igual ao dos gnósticos primitivos, para os quais a criação (o espaço, o tempo e a matéria — e, particularmente, toda essa questão complexa do sexo e da reprodução) era basicamente má e a salvação consistia em ser resgatado dela. Isso podia levar, o que acabou acontecendo, em uma dessas duas direções: tanto a um ascetismo que evitava ao máximo tudo o que traz prazer como a uma libertinagem que declarava que, já que o corpo não era importante nem fazia sentido, não haveria mal algum em atender aos seus desejos — e ao sentido de que o corpo físico, considerado algo insignificante, não trazia em si mesmo nenhum guia, nenhuma "lei natural", pelo qual seria possível discernir qual comportamento sexual seria adequado e qual não poderia ser classificado dessa maneira. Entretanto, para os cristãos primitivos, com a devida orientação de Jesus nesse processo, essas opções foram descartadas. A criação original, com a colocação do casal composto por homem e mulher como coroa dessa criação, e tendo a sua união como sinal e símbolo das outras uniões dessa narrativa, inclusive a união final do céu e da terra, era boa e seria confirmada. (É adequado observar que foi o pecado deles que os levou a sentir vergonha de seus órgãos genitais.)

Temos como segundo aspecto que o Deus criador está em ação para renovar a criação original, e não para abandoná-la. Esse princípio, tão profundamente interligado por todo o Novo Testamento, geralmente é ocultado pelos legados de tipos diferentes de dualismo, que apresentam essa característica em comum: ver a salvação em termos de um resgate dos seres humanos (definidos como "almas") sendo resgatados *da* criação, em vez de a própria criação ser resgatada e renovada. Entretanto, afirmamos novamente que os cristãos primitivos eram bem claros quanto a isso, refletindo a postura do próprio Jesus e refletindo especificamente sobre a importância da sua ressurreição. Esse foi o ponto de partida, o início do processo efetuado por Deus de renovar de todas as coisas.

O objetivo de todo esse projeto está delineado nos capítulos 21 e 22 de Apocalipse, que constituem a resposta final a todas as formas de gnosticismo. O Deus da Bíblia não se empenha nem em abandonar nem em destruir sua criação. Ele se dedica a salvá-la e restabelecê-la e, ao fazer isso, utiliza-se da grande alegoria do casamento que o livro do Apocalipse se refere a partir de várias fontes bíblicas que descrevem Israel como noiva de YHWH — não somente do céu com a terra, mas também de forma mais específica, como faz Paulo em Efésios 5, de Cristo com a igreja.

Essa comparação não é por acaso. Os escritores do Novo Testamento tinham um conhecimento bem claro e fácil daquilo que os especialistas contemporâneos levaram bastante tempo para deduzir, remando contra a maré sombria de gerações de exegese dualista: o sentido de todo o projeto cristão não se resume a desenvolver ou a propor uma nova ética ou um novo modo de manter uma ética antiga, nem mesmo a trazer uma nova espiritualidade com novos modelos de oração, muito menos ainda a propor um novo método para "ir para o céu". Todas essas coisas fazem parte do retrato final, mas nenhuma define sua ideia central. A base do cristianismo primitivo era a crença de que, em Jesus de Nazaré, o Deus criador lidou com a rebelião e com a corrupção da criação atual, particularmente do homem que devia dominá-la, e introduziu um caminho novo e vivo para uma nova e viva criação, *na qual o propósito original seria finalmente cumprido*, e essa é a razão pela qual, apesar dos séculos de uma aparente indiferença quanto à poligamia no Antigo Testamento, todas as páginas do Novo Testamento partem do princípio de que a monogamia passa a ser obrigatória a todos aqueles que seguem a Jesus — que foi viabilizada, mesmo com os discípulos reconhecendo que se trata de algo bem difícil (Mateus 19:10), pela vitória de Jesus na cruz e pelo poder de seu Espírito.

Tudo isso levanta outra questão, que, embora seja importante, não tem como ser abordada neste livro em detalhe. Se as coisas são realmente assim — se a monogamia constitui parte essencial da nova criação —, por que se deve exigir que aquele que não é cristão adote esse padrão, já que o direito (por meio do divórcio e do novo casamento) já o conduz a isso de forma padronizada? Essa questão se relaciona com muitas outras questões similares que surgem na vida pública do mundo ocidental pós-cristão: por que o Estado deve impor o respeito judaico-cristão à vida do ser humano em seu período de gestação, ou em sua velhice ou enfermidade? Por que os cristãos devem esperar que as outras pessoas sigam o "seu" estilo de vida?

Todas as perguntas que surgem desse questionamento apresentam uma dinâmica específica, e essa não foge à regra. Ainda resta o argumento de que, apesar de a poligamia prevalecer em algumas culturas por toda a história até os dias de hoje, sempre passam a girar em torno da monogamia e acabam fechando com ela. Parece que existe algo muito poderoso sobre a união especial entre um homem e uma mulher, mesmo com tantos conflitos surgindo com o propósito de rompê-la. É como se a maioria dos seres humanos soubesse instintivamente que essa é, de fato, uma das bases da saúde e da sabedoria da vida. Na verdade, "osso dos meus ossos" pode ser uma expressão bem literal (já que nosso corpo também possui muitas outras partes): isso pode indicar que esse instinto reside no próprio corpo, em vez de expressar uma ideia que algumas pessoas trazem na mente.

Entretanto, tudo isso foge à questão principal. Essa questão, que também se trata de algo sinalizador para muitas outras quando as pessoas perguntam: "Por que a moralidade cristã é boa para quem não é cristão?", é a declaração cristã de que, em Jesus de Nazaré, o criador do mundo — de todo o mundo, não de um subconjunto dele —, está sendo resgatado e renovado. Com certeza, as pessoas que não são cristãs dirão que não acreditam nisso. Porém, isso faz parte da crença cristã, ou pelo menos deveria fazer — e, portanto, os cristãos se comprometem a acreditar que a nova criação inaugurada por Jesus constitui boas notícias para *todas* as pessoas em *todos* os níveis, de modo que, mesmo quando a pessoa que a ouve só acredita em um pequeno grão desse universo que vemos em Jesus e no estilo de vida que ele exemplificou e elaborou, ainda estará construindo um mundo melhor, mais sábio e mais justo.

Percebo que se aproxima uma era em que as pessoas não terão a mínima disposição de aceitar a monogamia e muitas outras coisas que refletem isso tudo. A ascensão do poliamor, que eu mencionei no começo deste capítulo, indica que algumas pessoas já estão se considerando naturalmente não monogâmicas, e que nós devemos ter a expectativa de ver uma afirmação mais estridente desse novo tipo de política da identidade, ao afirmarem que sua própria natureza é polígama, poliândrica, poliamorosa ou coisas assim. O cristão, baseado no Novo Testamento, ainda diria que esses instintos, mesmo estando profundamente enraizados — e, como todos sabemos atualmente, os instintos sexuais e os padrões de comportamento aprendidos têm uma raiz profunda, de modo que se apresentam como parte integrante da intimidade do ser humano —, ainda são sintomas de uma humanidade transtornada. Nas palavras de Marcos 10:5, eles refletem uma "dureza de coração". É preciso que se coloquem regulamentos para que a sociedade possa lidar com essa dureza. Entretanto, a visão da intenção original para a criação e da possibilidade de essa visão ser resgatada persiste. Os debates futuros precisarão ter como alvo a distância entre a teoria e a prática, tanto dentro das comunidades cristãs — seja entre os casais, seja entre os indivíduos — como no contexto mais amplo das comunidades alheias ao cristianismo — igualmente em nível dos casais e em nível individual. Contudo, é preciso deixar bem clara a base do princípio. A monogamia, sob uma perspectiva cristã, é a única alternativa adequada ao celibato.

O que isso nos ensina, ou exemplifica, sobre a escritura e a autoridade de Deus? Em primeiro lugar, este estudo ressaltou de forma contundente o princípio de que ninguém pode simplesmente ver a Bíblia de modo superficial, validando ou valorizando as coisas só pelo fato de aparecerem na Bíblia. A tentativa — seja em sites excêntricos, seja em projetos mais sérios — de afirmar que o que achamos na Bíblia de algum modo passa a ser válido precisa ser questionada, e não porque a Bíblia deixou de ser o livro que Deus quer que possuamos, mas porque Deus quer que usemos nossa mente inspirada pelo Espírito Santo enquanto lemos suas páginas. Em vez disso, o segundo aspecto que destaco novamente é que temos de ver a Bíblia como uma *narrativa* com vários movimentos, ou como uma peça com vários atos, e temos de entender a história como um todo, em função do seu auge no quarto ato e a solução que veio por causa dele, além da restauração do projeto original no quinto ato. Logo, mesmo realmente encontrando muitos exemplos de poligamia na

Bíblia, inclusive entre pessoas que foram grandemente usadas por Deus, temos de afirmar, com base no próprio ensino de Jesus, e ainda mais em sua conquista que resgatou e renovou a criação, que a leitura sábia das escrituras como narrativa aponta de forma clara e definitiva que a monogamia é o chamado adequado para aqueles que não são chamados ao celibato.

Para encerrar, volto agora ao ponto inicial. Este estudo pode ter parecido surpreendente pelo fato de poucas pessoas no Ocidente pararem para questionar a monogamia. Poucas pessoas realmente defendem a poligamia (embora, obviamente, alguns façam isso), mas poucos teriam sabedoria quanto ao modo de responder a um polígamo baseado em farta pesquisa. Entretanto, quando abordamos a questão da autoridade das escrituras, como venho tentando fazer ao longo deste livro, à luz de toda a narrativa e da intenção do Deus criador, lidando de forma progressiva com esse mundo até chegar ao seu tratamento definitivo em Cristo e por seu intermédio, passamos a descobrir que a autoridade de Deus, que nos é apresentada por meio da Bíblia em sua totalidade, aponta para a renovação da criação por meio de Jesus Cristo como o tema principal de toda essa narrativa. Portanto, a partir desse contexto de renovação, a renovação da monogamia, e o convite para celebrar o casamento por toda a vida, não só como instituição em si mesma, mas também como um dos sinais mais claros da intenção do criador para o mundo todo, se destacam em alto e bom som. A monogamia é um indicador das verdades cósmicas que o mundo de hoje precisa: o propósito do criador não é separar o céu da terra, mas, em vez disso, reuni-los em uma unidade custosa e maravilhosamente enriquecedora (Efésios 1:10). Esse propósito, já concretizado em Jesus Cristo, é simbolizado, exemplificado e promovido pelo casamento monogâmico.

APÊNDICE
RECURSOS ATUALIZADOS PARA O ESTUDO DA BÍBLIA

O PONTO DE PARTIDA DO ESTUDO BÍBLICO

Quem quiser estudar a Bíblia sozinho — é bom acrescentar que estudar a Bíblia, no fim das contas, é bem mais útil do que criar teorias sobre ela — encontrará um farto material de apoio. Começarei a apresentar uma pequena seleção, que pode ser complementada quase infinitamente por uma visita a uma boa livraria cristã física ou virtual.

A cada dia, são lançadas novas *traduções* da Bíblia. A *New Revised Standard Version* (Nova Versão Padrão revisada) ganha cada vez mais aceitação para o estudo tanto na igreja como no nível superior, mas apresenta algumas falhas, como algumas tentativas infelizes de evitar a linguagem específica de gênero. A *English Standard Version* (Versão Padrão para o Inglês) segue bem de perto a tradição da *Revised Standard Version* (Versão Padrão Revisada), mas não usa a linguagem neutra de gênero. A *New International Version* (Nova Versão Internacional) é popular, mas ainda apresenta várias fraquezas, relacionadas especialmente ao modo como trata as cartas de Paulo. A *New American Standard Version* (Nova Versão Padrão Norte-Americana) vem sendo usada e elogiada de forma ampla na América do Norte.

Existem muitas séries de *comentários* e guias para livros específicos da Bíblia. Acho suficiente mencionar neste Apêndice as alternativas mais populares do mercado porque quem deseja estudar algum livro bíblico ou alguma passagem em nível acadêmico não tem necessidade de ser orientado quanto às fontes adequadas. A série *O Novo Testamento para todos* (com comentários bíblicos de Mateus a Apocalipse) já está completa.[1] A série *Tyndale*, publicada pela Inter-Varsity Press no Reino Unido e pela Eerdmans nos Estados Unidos, conta com livros ótimos e passa por uma atualização constante para suprir as necessidades de uma nova geração de iniciantes nos estudos bíblicos. A série de comentários *Interpretation* (Interpretação), publicada pela John Know Press, tem um bom histórico de estudo claro, sábio e útil sobre o texto. Os *Black's New Testament Commentaries* (Comentários Black do Novo Testamento), que agora são publicados pela Continuum, apresentam uma discussão mais acadêmica e estão sendo atualizados de forma semelhante. A *New Interpreter's Bible* (Nova Bíblia do intérprete), publicada pela Abingdon, é uma coleção de 12 livros de primeira linha, abrangendo toda a Bíblia e os livros apócrifos. O *HarperCollins Bible Commentary* (Comentário Bíblico HarperCollins), editado por James L. Mays, e o *Oxford Bible Commentary* (Comentário Bíblico Oxford), editado por John Barton e John Muddiman, são dois dos melhores comentários bíblicos em um único volume.

Tanto o iniciante como o leitor experiente devem possuir um dicionário bíblico. O *New Interpreter's Dictionary of the Bible* (Dicionário bíblico dos novos intérpretes), de cinco volumes, editado por K. D. Sakenfeld (Abingdon, 2006-2009), está entre os melhores da categoria. Existem dois lançamentos recentes de dicionários em um só volume: O *HarperCollins Bible Dictionary* (Dicionário Bíblico HarperCollins — edição revista e atualizada), editado por Mark Alan Powell, e o *Eerdmans Dictionary of the Bible* (Dicionário Bíblico Eerdmans), editado por D. N. Freedman. Os livros publicados pela

---

[1] A série de comentários completa foi traduzida e lançada pela Thomas Nelson Brasil.

Inter-Varsity Press (Reino Unido) (*Dictionary of the Old Testament* [Dicionário do Antigo Testamento] em três volumes; *Dictionary of Jesus and the Gospels* [Dicionário de Jesus e dos Evangelhos]; *Dictionary of Paul and His Letters* [Dicionário de Paulo e suas cartas]; *Dictionary of the Later New Testament and Its Developments* [Dicionário dos livros posteriores do Novo Testamento e de sua repercussão] e *Dictionary of the New Testament Background* [Dicionário do panorama histórico do Novo Testamento]) estão cheios de materiais úteis. O mesmo acontece com o *Dictionary for Theological Interpretation of the Bible* (Dicionário para a interpretação teológica da Bíblia), editado por Kevin J. Vanhoozer e publicado pela SPCK. Para questões de interesse mais amplo que surgem quando as pessoas estudam a Bíblia, tenho constantemente recorrido ao *The Oxford Dictionary of the Christian Church* (Dicionário Oxford da Igreja Cristã), editado por F. L. Cross e E. A. Livingstone (terceira edição), e *The Oxford Companion to Christian Thought* (Guia Oxford para o pensamento cristão), editado por Adrian Hastings.

Muitas Bíblias impressas contêm mapas, mas geralmente eles são pequenos e um tanto superficiais. Quem deseja conhecer onde os eventos bíblicos se passaram deve adquirir um atlas relevante. Existem muitos disponíveis, dentre os quais me limito a mencionar o *Oxford Bible Atlas* (Atlas Bíblico Oxford), editado por H. G. May (terceira edição), o *HarperCollins Concise Atlas of the Bible* (Atlas bíblico conciso da HarperCollins), editado por J. Pritchard, ou, com certeza, o impressionante *Aerial Atlas of the Holy Land* (Atlas aeroespecial da Terra Santa), editado por John Bowker (London: Octopus Publishing, 2008).

COMO SE APROFUNDAR NOS TEMAS DESTE LIVRO

Quem deseja aprofundar-se no assunto deste livro em um nível mais acadêmico, ou mesmo quer ver o tipo de obra com o qual traço um diálogo implícito por todo o seu desenvolvimento, pode considerar interessantes os seguintes livros:

Baseio meus pensamentos na pesquisa imensa apresentada por A. C. Thiselton em seu livro *New Horizons in Hermeneutics* (Novos horizontes na hermenêutica — HarperCollins, 1992) e na contribuição diferenciada de Nicholas Wolterstorff em seu livro *Divine Discourse* (Discurso divino — CUP, 1995). Os dois livros de Francis Watson, *Text and Truth* (Texto e verdade — T&T Clark, 1997) e *Text, Church and the World* (O texto, a igreja e o mundo — T&T Clark, 1994), apresentam linhas inovadoras de pesquisa. O livro de Frances Young *The Art of Performance* (A arte do desempenho — DLT, 1990) me trouxe novos ares, incentivando-me a me aprofundar em algumas linhas de pensamento.

Entre as obras importantes de lançamento mais recente, destaco o livro de Kevin J. Vanhoozer *Há um significado neste texto?* (Vida, 2005) e *Teologia primeira: Deus, Escritura e hermenêutica* (Shedd Publicações, 2016); Gerard Loughlin, *Telling God's Story: Bible, Church and Narrative Theology* (Contando a história de Deus: Bíblia, igreja e teologia narrativa — CUP, 1998); Stephen Fowl, *Engaging Scripture: A Model for Theological Interpretation* (Abordando as Escrituras: um modelo para a interpretação teológica — Blackwell, 1998); William J. Abraham, *Canon and Criterion in Christian Theology: From the Fathers to Feminism* (Cânon e critério na teologia cristã: dos Pais da Igreja ao feminismo — OUP, 1998); John Webster, *Holy Scripture: A Dogmatic Sketch* (A Escritura Sagrada: um esboço dogmático — CUP, 2003); e vários livros de Richard J. Bauckham, inclusive *The Bible in Politics* (A Bíblia na política — SPCK, 2010), *God and the Crisis of Freedom: Biblical and Contemporary Perspectives* (Deus e a crise da liberdade: perspectivas bíblicas e contemporâneas — WJKP, 2002), e *Bible and Mission: Christian Witness in a Postmodern World* (Bíblia e missão: testemunho cristão em um mundo pós-moderno — Paternoster/Baker, 2003).

Outros três livros recentes que abrem janelas criativas e renovadoras para o tema são o de Telford Work *Living and Active: Scripture in the Economy of Salvation* (Viva e eficaz: a Bíblia na economia da salvação — Eerdmans, 2002); o de Ellen F. Davis e Richard B

Hays (organizadores) *The Art of Reading Scripture* (A arte de ler as Escrituras — Eerdmans, 2003); e o de David Lyle Jeffries, *Houses of the Interpreter: Reading Scripture, Reading Culture* (As casas do intérprete: lendo as Escrituras, lendo a cultura — Baylor University Press, 2003). Várias teses importantes sobre assuntos parecidos estão reunidas no livro de Joel B. Green e Max Turner (organizadores), *Between Two Horizons: Spanning New Testament Studies and Systematic Theology* (Entre dois horizontes: ampliando os estudos do Novo Testamento e a teologia sistemática — Eerdmans, 2000). Uma série digna de ser mencionada, que demonstra um engajamento dinâmico e de alto nível com todas as questões relevantes, é a série sobre as Escrituras e a hermenêutica, editada por Craig Bartholomew e outros (Paternoster/Zondervan), com cinco volumes expressivos que já foram publicados (*Renewing Biblical Interpretation* [Renovando a interpretação bíblica], 2000; *After Pentecost* [Depois do Pentecostes], 2001; *A Royal Priesthood?* [Somos mesmo um sacerdócio real?], 2002; *Behind the Text* [Por trás do texto], 2003; *Out of Egypt* [Fora do Egito], 2004), com a promessa de que mais livros serão publicados.

ÍNDICE
DE PASSAGENS BÍBLICAS

ANTIGO TESTAMENTO

GÊNESIS
1, 189, 219
1:2, 184
1-2, 144, 151
2, 189, 219
2:3, 178, 190, 196
3-11, 152
24, 93
26:34-35, 211
37:26, 91
38, 91
44:13-14, 91
50:20, 212

ÊXODO
2:21, 215
20:8-11, 180
21:7-11, 212
21:10, 212
23:11, 181
23:12, 180

31:13, 180
34:21, 180
35:2, 180

LEVÍTICO
19:3, 180
23:3, 180
23:5-21, 192
25:1-7, 181
25:47-55, 181
25, 181
26:34, 43, 182

NÚMEROS
12:1, 215
15:32, 179
28:9, 180

DEUTERONÔMIO
5:12-15, 180
7:3-4, 214

21:15-17, 212
30:14, 54

1SAMUEL
1:1-28, 212
18:20-29, 212
25:43, 213
25, 212

2SAMUEL
3:12-16, 213
5:13, 213
6:20-23, 213
11, 91, 213
11:2, 213
13, 91, 213
15, 91
16:22, 213

1REIS
1:1-4, 213
3:1, 214
9:16, 214
11:1-8, 214

2CRÔNICAS
36:21, 182, 182

NEEMIAS
9:14, 180
13:15-22, 180

SALMOS
18:8, 97
19, 46
33:6, 54
82, 63
95:7-11, 189

ISAÍAS
40-55, 38, 144
40:8, 30, 54, 56
49:8, 189
55:10-11, 54
55:10-13, 169
55:11, 30, 56
56:2-7, 180
58:13-14, 180
61, 186

JEREMIAS
3:6-14, 215
4:23, 184
9:2, 182
17:19-23, 180
23:29, 54
25:11, 182
29:10, 182

EZEQUIEL
20:13, 180
22:8, 180
22:26, 180
23:4, 215
23:38, 180
44:24, 180

OSEIAS
2:15, 136

ZACARIAS
1:12, 182
7:5, 182
14:9, 43

MALAQUIAS
2:16, 217

NOVO TESTAMENTO

MATEUS
5:17, 77
5:17-18, 63
5:32, 217
8:11-12, 64
10:5-6, 152
15:6-9, 63
19:9, 217
19:10, 223
22:29, 63
25, 197
27:25, 122
28:18, 37
28:19, 152

MARCOS
2:23-28, 184
3:1-6, 184
3:31-35, 64
6:17-29, 123
7, 77
7, 64
7:8, 98
7:17-23, 219
10:2-9, 219
10:10-12, 219
10:42-45, 125
12:28-34, 77
14:49, 62

LUCAS
4:16-30, 186
4:21, 186
13:10-17, 184
14:26, 64

19:1-10, 136
24, 63, 146
24:27, 44-45, 63

JOÃO
1:1, 73
1:14, 46, 73
1:17, 78
5, 184
5:17, 190
8:1-11, 136
8:39-40, 38
9:1-17, 184
10:35, 63
19:5, 190
19:11, 37
19:30, 190
20:1, 190
20:19, 190
20:24-29, 121
20:31, 73

ATOS
2, 220
2:42, 72
3, 153, 201, 220
4, 153, 201, 220, 225
5, 153, 160, 201, 220
6:1-4, 70
6:7, 71
7, 77
15, 77
17:11, 118
17:30, 220
20:7, 191

ROMANOS
1:16, 71
1:20, 46
3:21, 76
3:31, 77
4:13, 77
4, 152
8, 77, 144, 151
9-11, 87
10:18, 46
12:1-2, 77
12:2, 149
12:9, 80
12:17, 80
13, 30
13:1, 37
13:1-7, 29
13:9, 175
14:5-6, 77, 174, 188

1CORÍNTIOS
5, 215
7:1-8, 217
7:8-17, 217
7:25-40, 217
7:28, 218
11:23, 146
15, 144, 151
15:3-4, 70

2CORÍNTIOS
1:20, 77
5:17, 145
6:1-2, 189
10:3-6, 144
10:5, 80

GÁLATAS
2, 76, 77
3, 76, 152
3:16, 136
3:22-29, 79
4, 92
4:4, 61, 156, 188
4:10, 77, 174
4:21-31, 90
6:15, 145

EFÉSIOS
1, 144
1:3-23, 144
1:10, 226
1:15-23, 47
2:11-22, 77
4:11, 164
5, 223
5:15-16, 198
5:22-33, 221

FILIPENSES
2:9-11, 37
4:8, 80

COLOSSENSES
1:5, 70
2:14-16, 188
3:1-2, 93
4:5, 198
4:5-6, 144

1TESSALONICENSES
1:5, 71
2:13, 70, 71
4:1, 146

1TIMÓTEO
3:2, 217
5:9, 217

2 TIMÓTEO
3:16-17, 161

TITO
1:6, 217

HEBREUS
1:1-2, 38, 46
3:7-4:11, 189
4:12, 30
8-10, 77

1PEDRO
3:15, 144
3:20-22, 90

2PEDRO
3:16, 119

APOCALIPSE
1:10, 191
4, 38
5, 38
6:11, 194
14:13, 194
21, 194, 222
21-22, 77, 144, 151
22, 194, 222
22:2, 194

ÍNDICE
DE ASSUNTOS

11 de setembro de 2001, 22
Abraão: aliança entre Deus e, 76, 77; poligamia praticada por, 211, 216, 220
Abrahams, Harold, 176
adultério, 213, 214, 219
After You Believe (Wright), 194, 201, 218
Agostinho, 16, 194
Antigo Testamento: chamado de Israel no, 51-52; como narrativa de Israel, 55-56; comparando o sábado do NT com o, 196-203; continuidade e descontinuidade cristã com relação ao, 76-79; exegese alegórica do, 90-91; Jesus como auge da narrativa de Israel no, 154-155; leitura sem diferenciação entre o Novo e o, 134; palavra de YHWH no, 54-55; relatos de poligamia no, 209-218; sábado no, 173-174, 178-184; uso do Novo Testamento das narrativas do, 75-76, 136-137, 154. *Veja também* Bíblia; lei mosaica
apelo à experiência: considerando o contexto no, 128-129; visão geral da, 125-128
Apocalipse: estruturado em várias sequências com o número sete, 190; linguagem da nova criação no, 190, 194, 195; resposta ao gnosticismo em, 222
Aquino. *Veja* Tomás de Aquino
arca de Noé, 94
argumento da relatividade cultural, 135
autoridade: da tradição e das escrituras, 99; de líderes eclesiásticos autorizados, 166-169; Deus como fonte de toda a, 37-39; diferenciando a devoção da, 45; do Reino de Deus, 42-44; escrituras como veículo para a igreja, 72-74, 89-90; escrituras usadas para direcionar a autoridade divina,

39, 43-44, 56, 158-161, 164-166; perguntas referentes a autoridade bíblica, 30
autoridade das escrituras: autoridade de Deus e a missão da igreja direcionadas pela, 39, 43-44, 56, 158-161, 164-166; como linguagem de protesto, 41-42; como meio de operar a narrativa da Bíblia, 201-202; como subtópico de outros temas teológicos, 43-44; contexto dos estudos bíblicos modernos sobre a, 115-118; em função da autoridade de Jesus, 202; estratégias para honrar a, 156-169; estudando o sentido da, 37-39; histórias bíblicas como expressão da, 39-41; insistência de Jesus sobre a, 63-64; judaísmo do segundo templo e, 56-57; monogamia entendida por meio da, 207-226; narrativa da criação e da renovação da criação, e destaque das alianças, 168-169, 190-196, 203, 221-222, 225-226; noção improvisada da, 154, 155; o papel da experiência na, 125-129; papel da razão e da racionalidade na, 101-104, 110-113, 148-149; papel da tradição na, 95, 146-147, 158-161; sábado entendido por meio da, 173-203; significado e consequências da, 143-145; *Veja também* ler as escrituras; narrativa das escrituras

Barth, Karl, 27, 32
Bate-Seba, 213
Bíblia: consequências de seu papel na igreja, 46; contexto político da, 23; entendida como uma narrativa, 201-202; exegese alegórica da, 90-92; narrativas autoritativas da, 39-41; perguntas sobre a autoridade da, 30; questões principais sobre a, 30; *Veja também* Novo Testamento; Antigo Testamento
biblicalpolygamy.com, 215-216
Boyle, Nicholas, 124
Brueggemann, Walter, 55

Calvino, João, 16, 32, 98, 112
Cântico dos Cânticos, 90
Carruagens de Fogo (filme), 176
casamento: monogâmico, 207, 209, 211, 222-226; polígamo, 207-218; postura de Jesus sobre o divórcio e o, 219-222
Ceia do Senhor, 166
celibato: monogamia como alternativa ao, 225; Paulo sobre o ideal do, 217-218
Challenge of Jesus, The (Wright), 61
Código da Vinci (Brown), 87
Colossians Remixed (Walsh e Keesmaat), 125
Comunhão Anglicana, 158
Comunhão dos Santos, 146
comunidade de Cunrã, 57
Concílio de Trento, 99
Concílio Vaticano II, 99
construção social da realidade, 20
Contrarreforma, 99

ÍNDICE DE ASSUNTOS

aliança: conflito hermenêutico de renovação pelo, 76-79; cumprimento pelo sábado, 190; de Abraão com Deus, 76, 77; destaque da autoridade das escrituras no, 203

Cranmer, Thomas, 32

Credo de Niceno, 147

Credo dos Apóstolos, 147

criação: "descanso" de Deus depois da, 179; destaque da autoridade das escrituras sobre a, 168-169, 203; jubileu usado para restaurar a, 182-183; monogamia como forma da, 220-221, 222-225; renovação efetuada por Jesus, 191-196, 221-222, 225-226; sábado celebrando criação de Jesus, 191-196; tempo linear e espaço da, 192-193, 194-196; visão de Isaías da renovação da, 168-169; *Veja também* Deus

cristianismo liberal: debate cultural entre os conservadores e o, 41, 118-120, 135; debates sobre o lugar da Bíblia no, 26, 135; leituras equivocadas da Bíblia no, 135-137; nova leitura orientada para o Reino para, 137-138. *Veja também* cristianismo

Crisóstomo, João, 16

cristãos africanos, 208

cristianismo: comunidade da igreja formada na escritura como parte principal do, 85-86; Contrarreforma do, 99; desenvolvimento da tradição no, 95, 146-147; diminuição do caráter narrativo da dimensão de Israel dentro das escrituras, 89-90; escrituras do cristianismo primitivo, 15-18; exegese alegórica como sinal de compromisso com as escrituras, 90-92; observância no sábado no, 191-196; narrativa bíblica contra modelos alternativos do, 86-89; papel do racionalismo e da razão no, 101-104; questão da continuidade e da descontinuidade dentro do, 76-79; quatro sentidos medievais das escrituras, 92-95; Reforma do, 16-17, 33, 95-99, 100-101; *Veja também* cristianismo conservador; cristianismo liberal

cristologia: como crença condicionada culturalmente, 156; descrição joanina da, 190; descrição de Marcos da, 125; destaque do Novo Testamento na, 96, 111, 118, 155, 156. *Veja também* Jesus Cristo

cristianismo conservador: criando dimensões múltiplas, 32; debate cultural entre o cristianismo liberal e o, 41, 118-120, 135; leituras equivocadas da escritura feitas pelo, 133-135; nova leitura orientada para o Reino feita pelo, 137-138. *Veja também* cristianismo

culto público: modelo de cinco atos para se ler as escrituras durante o, 160; propósito da

leitura das escrituras durante o, 158-159; resistindo a tendência de diminuir as leituras durante o, 27; *Veja também* devoção
cultura: construção social da realidade e, 20; debate entre os especialistas bíblicos interligado com a, 115-118; identidade pessoal e, 20-21; lendo as escrituras no contexto da, 156-157; modernismo e pós-modernidade, 18-20, 21, 111; reação dialógica do Novo Testamento com a cultura atual, 79-81; surto pós-moderno com a cultura moderna, 123-124

Davi, 212-214, 215, 216, 220
Davies, W. D., 116
Deixados para trás, série (LaHaye and Jenkins), 134
Desire of the Nations, The (O'Donovan), 27
Deus: afirmando sua vitória sobre o mal, 51-53; autoridade das escrituras como autoridade de, 39, 43-44, 56, 158-160, 164-166; "descanso' do Deus criador, 179; experimentando a afirmação de, 125-129; graça transformadora, 47; Jesus como encarnação do Deus de Israel, 63; palavra de YHWH, 53-55, 71-72, 167-168; propósitos redentores de, 182; reformadores na narrativa de, 100-101; revelação de, 44-45; separando o Deus do Novo Testamento de YHWH, 78-79; toda autoridade procede de, 37-39. *Veja também* criação; Jesus Cristo
Deus diferente, Um (Robinson), 26
devoção: Bíblia como auxílio da, 45; prática da igreja cristã, 17-18; distinguindo a autoridade da, 45. *Veja também* culto público
Dez Mandamentos, 196
Diálogo de Trifão (Justino), 87
Dicionário Teológico do Novo Testamento (ed. Kittel), 116
discipulado, 17-18
divórcio, 217, 219
Dogmática Eclesiástica (Barth), 27

Einstein, Albert, 194
Eliot, T. S., 192
encarnação, 156, 158
Erasmo de Roterdã, 102
escatologia, 100
escravidão, 134, 136, 181
escrituras: caráter culturalmente condicionado das, 156-157; chamado para a obediência nas, 57, 72, 143; como palavra de YHWH, 53-55; como revelação transcendental, 44-45; como veículo da autoridade da igreja, 72-74, 89-90; continuidade e descontinuidade no uso delas na igreja, 76-79; cultura e, 18-21, 79-81; debates sobre as "verdades" das, 19-20; ética e, 28-29; filosofia e, 23-26; histórico cristão com as, 15-18, 85-104; inspiração das, 53-55;

Jesus como cumprimento das, 61-63, 69-71; modelo de cinco atos na leitura multifacetada das, 149-155; método utilizado pelos reformadores para o estudo das, 100-101; noção de improviso no entendimento das, 154, 155; política e, 22-23; prática delas pela *lectio divina*, 89; leitura equivocada das, 133-138; problema de autoengano associado com as, 46; propósito de Deus dirigido pelas, 39, 43-44, 56, 158-160, 164-166; teologia e, 26-28; *Veja também* autoridade das escrituras; Bíblia; lendo as escrituras

escrituras do Judaísmo do Segundo Templo: como chamado para a obediência atual, 57

espaço: criação como transformação do, 195-196; templo como espaço sagrado, 180; visão cristã do, 196-198

estudos bíblicos de nível superior: abordagem dos teólogos com relação a, 26-28; "batalhas em prol da Bíblia" nos, 15, 30-31; contribuição da desconstrução pós-moderna aos, 123-124; debate tradição e razão nos, 30-32; estado atual dos modernos, 115-118; evitando os aspectos superficiais do, 32-33; leitura renovada pelos adequados, 162-164; polarização literalista e não literalista, 118-120; problema de como usar os modernistas, 120-123; racionalismo iluminista como parte dos, 101-104, 110-115, 126-127, 135; razão usada nos, 101-104, 126-127, 148-149; "regra de fé" e, 163; restabelecendo a hermenêutica da confiança nos, 163-164; tradição e escrituras nos, 95, 98, 146-147, 158-160; *Veja também* narrativa das escrituras

ética, 28-29

evangelho (*euangelion*): como autoridade na ação da igreja, 72-74, 89-90; continuidade e descontinuidade na Igreja Primitiva, 76-79; cristologia do, 96, 111, 118, 125, 155, 156, 190; "da prosperidade", 134; narrativa de Jesus entendida como, 69-71; Novo Testamento como expressão do, 79-81; poder transformador do, 71-72; *Veja também* igreja cristã; palavra de Deus (YHWH)

"evangelho da prosperidade", 134

exegese alegórica: Antigo Testamento e Novo Testamento, 90-92; sentido alegórico medieval das escrituras, 92-95

fariseus, 98, 185, 186, 219

Filo, 90

filosofia: "atos de fala" na, 55; fracasso do "racional", 25; questões sociais da, 23-24; *Veja também* Iluminismo (século XVIII); racionalismo

formando a narrativa do destino
  de Israel, 56-57
Frith, John, 177

gnosticismo: dualismo platônico
  do, 86; oposição de Irineu ao,
  98; respostas do Apocalipse
  a todas as formas do 222;
  variações modernas do, 128
"guerra justa", 29
Gunton, Colin, 26

Heisenberg, Werner, 21
Herodes Antipas, 123, 218
Heródoto, 31
história: integrando a teologia
  verdadeira com a, 139;
  racionalismo para revisar a,
  113-114, 135
Hitler, Adolf, 23
Holocausto, 23, 25
Holy Scripture: A Dogmatic Sketch
  (Webster), 26-27
homossexualidade, 29, 30, 209
Honderich, T., 121
Hooker, Richard, 23, 31, 32, 103,
  104, 112, 126
Hopkins, Gerard Manley, 195
Hugo de São Vitor, 94
Hume, David, 110

ideias sobre o Novo Israel, 134
Igreja Católica Romana, 99, 147
igreja cristã: 'a palavra' como
  formadora da nova, 53-55,
  71-72, 167-168; alegoria
  do amor entre Cristo e a,
  90; "batalhas em prol da
  Bíblia" dentro da, 15, 30-31;
  consequências do papel da
  Bíblia na, 46; continuidade
  e descontinuidade no uso
  das escrituras pela, 76-79;
  debates sobre o papel da
  tradição na, 95; destaque da
  "experiência" na, 125-129;
  escrituras como meio de
  autoridade na, 72-74, 89-90;
  leitura das escrituras na história
  da, 146; leitura primitiva do
  Antigo Testamento na, 75-76;
  posição pós-moderna na,
  123-125; uso do racionalismo
  para prejudicar a ortodoxia
  na, 110, 112-113; relato
  caractcrístico sobre ela dos
  que não participam dela, 86;
  retorno às bases primitivas da
  liderança na, 167-169; tradições
  de devocionais e discipulado da,
  17-18, 158-160; *Veja também*
  líderes eclesiásticos; evangelho
  (*euangelion*)
Iluminismo (século XVIII):
  doutrina da justificação
  moldada pelo, 33; fracasso final
  do, 24-25; legado do, 19, 109;
  lendo a Bíblia no contexto do,
  111-113; mundo fragmentado
  durante o, 93; percepção do
  problema do mal, 114-115;
  racionalismo do, 110; visão
  alternativa da História do,
  113-114, 135; *Veja também*
  filosofia
Inácio de Loyola, 32
inspiração, 53-55
Inwood, M. J., 121

Isaías, 169
Isaque, 211
Israel: aliança e lei mosaica do antigo, 76; apoio 'bíblico' para o Estado moderno de, 135; chamado de Deus para, 51-52; como povo que ouve as Escrituras, 55-56; escrituras como chamado de obediência para, 57; ideias do 'novo Israel', 134; Messias de, 86, 87; narrativa das escrituras sobre a identidade e o destino de, 56-57; narrativa de Jesus como auge da história de, 154-155; prática do jubileu em, 181-183, 185, 186-187, 190; *Veja também* Judaísmo

Jacó, 211, 216
Jefferson, Thomas, 110
Jerônimo, 16
Jesus and Judaism (Sanders), 116
Jesus and the Victory of God (Wright), 42, 61
Jesus Cristo: alegoria de amor entre a igreja e, 90; autoridade das escrituras em função da autoridade de, 202; como auge da história de Israel, 154-155; como concretização do Israel de Deus, 63; destaque do Novo Testamento na ressurreição de, 96, 125, 155, 190; encarnação de, 156, 158; renovação da criação por, 168-169, 191-196, 221-222, 225-226; sobre a autoridade das escrituras, 63-64; sobre o cumprimento das escrituras, 61-63, 69-71; *Veja também* cristologia; Deus; pesquisa sobre o Jesus histórico
Jesus histórico, polêmicas sobre o (década de 1990), 28
João, Evangelho de, 190
João Batista, 123, 218
José, 211
Jubileu: manifesto de Nazaré recorrendo a imagem do, 186-187; para restaurar a criação de Deus, 182-183; Pentecoste como forma de, 151, 192; prática veterotestamentária do, 181-183, 185, 189; princípio do perdão das dívidas, 181, 199; relação do sábado com o, 189
Judaísmo: escrituras do Judaísmo do Segundo Templo, 56-57; leis de purificação do, 77; mandamento do sábado no, 173-174, 178-184; Messias do, 86, 87, 118, 125; *Veja também* Israel; lei mosaica
justificação pela fé, doutrina da 33, 102, 103, 156-157
Justino, 86, 87

Kant, Immanuel, 110
Keesmaat, Sylvia, 125
Kittel, Gerhard, 116

lectio divina: orando as Escrituras, 45, 89
lei mosaica: como dispensação temporária até Jesus, 220; divórcio permitido pela, 217, 219; mandamento do sábado

na, 173-174, 178-184; prática
do jubileu, 181-183, 185-187,
192, 199; regras da, 76, 77,
212; sobre poligamia e herança,
212; *Veja também* judaísmo;
Antigo Testamento
leitura bíblica, estratégias:
construção social da, 20; leitura
baseada na liturgia, 158-160;
leitura das escrituras ensinada
por líderes autorizados pela
igreja, 164-169; leitura pessoal,
160-162; leitura renovada pelos
estudos acadêmicos adequados,
162-164; leitura totalmente
contextual, 156-158 realidade:
debate sobre as "verdades" da,
19-20, 21
leitura contextual das escrituras,
137, 156-158; questão
da continuidade e da
descontinuidade, 76-79
leitura das escrituras: contextual,
137, 156-158; improvisando
na, 154, 156; integrada, 143;
Modelo de Cinco Atos para
abordagem multifacetada da,
149-155; papel da tradição
na, 95, 146-147; razão e papel
da racionalidade na, 101-104,
110-113, 148-149; vivendo
em diálogo com as leituras
prévias, 146-147; *Veja também*
autoridade das escrituras;
escrituras
leituras equivocadas das escrituras:
pela esquerda, 135-137; pela
direita, 133-135
Liddell, Eric, 176

líderes da igreja: ensino e pregação
das escrituras como tarefas dos,
166; entendendo a verdadeira
tarefa dos autorizados, 166-169;
leitura das escrituras ensinada
pelos líderes autorizados,
164-169; tarefas administrativas
e burocrática dos, 165; *Veja
também* igreja cristã
Lightfoot, Joseph Barber, 167
liturgia, leitura baseada na
158-160
*Living and Active: Scripture
in the Economy of Salvation*
(Work), 43
Livro de Oração Comum, 211
Lutero, Martinho, 16, 32, 41, 78,
96, 102, 118

manifesto de Nazaré, 186-187
Marcião, 78, 85
Marcos, Evangelho de: sobre
divórcio e novo casamento,
219; sobre a 'dureza do
coração', 225; retrato de
Herodes Antipas feito pelo,
122-123; relato da morte e
da ressurreição de Cristo feito
pelo, 125
Meal Jesus Gave Us, The (Wright),
166
meditação "inaciana", 45
Messias, 86, 87, 118, 125
modelo em cinco atos: introdução
a, 149-150; premissas
necessárias para entender o,
152-155; sentido anagógico
das escrituras, 92; três notas

explicativas iniciais sobre o, 150-151

modernidade: ataque padrão contra o cristianismo pela, 111; descrição e origens da, 18-19; estudos bíblicos modernos de nível superior, 115-118; posição da leitura neutra do texto, 135; problema nos estudos bíblicos de nível superior em como usá-la, 120-123. *Veja também* pós-modernidade

Moisés, 95, 215

Moltmann, Jürgen, 26

monogamia: como alternativa para o celibato, 225; como norma ocidental, 207, 209; ensino do Novo Testamento sobre, 222-226; exemplo de Isaque e Rebeca, 211; promoção do propósito de Jesus por meio da, 226; sentido moral das escrituras, 93, 94

moralismo/boas obras, 187

Mundo perdido de Adão e Eva, O (Walton), 178

narrativa bíblica: canonização da, 88; Contrarreforma sobre a tradição da, 99; cristianismo e a diminuição da dimensão de Israel na, 89-90; desconstrutiva pós-moderna, 122-124; desenvolvimento da tradição, 95; exegese alegórica da, 90-92; literalista x não literalista, 118-120; modelos do Credo dos Apóstolos e do Credo de Niceno da, 147; necessidade de uma narrativa orientada pelo Reino, 137-138; papel da razão e da racionalidade na, 101-104, 110-113, 148-149; papel da tradição na, 95-99, 146-147; puritanos sobre o direito da interpretação individual da, 103-104; quatro sentidos da, 92-95; reafirmação dela contra propostas cristãs alternativas, 86-89; sentido claro da, 102-104; *Sola Scriptura* dos reformadores e a, 95-97; *Veja também* autoridade das escrituras, estudos bíblicos de nível superior, lendo as escrituras

New Horizons in Hermeneutics (Thiselton), 27

Newman, John Henry, 31, 32

Nietzsche, Friedrich, 20

noção de improvisação, 154, 155

Novo Testamento: caricaturização do ensino do, 136; como carta de intenções do modelo com cinco atos, 152-154; comparando o sábado do Antigo com o, 196-203; cristologia do, 96, 111, 118, 125, 155, 156; declarações liberais sobre o, 137; diversidade do cânon do, 74; experiências religiosas relatadas no, 113; leitura não diferenciada do Antigo Testamento e do, 134; relação dialógica com a cultura humana, 79-81; relatos de poligamia no, 216,

217-218; sábado no, 174-176, 184-191; sobre a monogamia, 222-226; uso que faz do Antigo Testamento, 75-76, 136-137, 154. *Veja também* Bíblia
The New Testament and the People of God ((Wright), 86, 150

obediência: escrituras como chamado à, 57, 72, 143; Reino de Deus alcançado pela, 61, 147
O"Donovan, Oliver, 27, 167
orientação sexual, 29, 30, 209
Orígenes, 16, 90
Oxford Companion to Philosophy, The (ed. Honderich), 121

Paixão de Cristo, A (filme), 122
palavra de Deus (YHWH): atenção renovada da liderança da igreja quanto a, 167-168; inspiração e, 53-55; poder transformador da, 71-72. *Veja também* evangelho (*euangelion*)
Paulo: afastado pela visão de mundo moderna, 118; escritos do Novo Testamento do, 80-81; exegese alegórica utilizada por, 90; sobre casamento e celibato, 218, 220-221; sobre a divindade de Jesus, 193; sobre a transformação pela renovação da mente, 149; sobre o conflito hermenêutico no conflito da renovação da aliança, 76; sobre o direito do porte da espada, 29; sobre o sábado, 174-175, 184-185, 188-189; soteriologia

de, 32; pena de morte, 134; perdão de dívidas, 181, 199
Pentecoste, 151, 192
pesquisa sobre o Jesus histórico, 120. *Veja também* Jesus Cristo
plenitude do tempo, 186-187, 189
polarização literalista/não literalista, 118-120
política: a Bíblia no contexto da, 23; leituras equivocadas das escrituras relacionadas à, 135, 136; problema do mal e a política moderna, 24-25; questões relevantes da política moderna, 22-23
politicamente correto, 23
poligamia: ponto de vista do site biblicalpolygamy.com, 215-216; praticada nos países muçulmanos, 207-208; relatos do Antigo Testamento de, 209-218; relatos do Novo Testamento de, 216, 217-218; simbologia de YHWH praticando a, 215
politeísmo, 214
pós-modernidade: desconstrução niilista da, 122-124; descrição e origens da, 18-20, 21; expondo a impotência da, 124-125; postura crítica das escrituras, 137-138; *Veja também* modernidade
Princípio da incerteza de Heisenberg, 21
problema do mal: abordagem da pós-modernidade com relação ao, 123; enfrentando na modernidade, 24-25; Reino

de Deus como a vitória sobre
o, 51-53; visão iluminista do,
114-115
puritanos, 103-104

questão da identidade pessoal,
20-21

racismo, 134
racionalismo: enfraquecimento
da ortodoxia usando o, 110,
112-113; história no contexto
do, 113-114, 136; problema
do mal conforme é percebido
pelo, 114-115; síntese do
cristianismo com a razão e
o, 101-104, 126-127; *Veja
também* filosofia
Ramsey, Michael, 32
razão: abordagens dos
reformadores com relação
a, 103-104; debates sobre
a fé e o papel da, 101-102,
103, 126-127; definição da,
148-149; leitura das escrituras
e o papel da, 148-149; sentido
claro da Escritura como questão
da, 102; versão do racionalismo
iluminista, 110
Reino de Deus: autoridade do,
42-44; como a plenitude do
tempo, 186-187, 189; lendo
as escrituras no contexto do,
137-138; noção consciente da
realidade do 42-43; obediência
na conquista do, 61, 147;
"palavra" como auxílio para se
trazer o, 72-74, 89-90; vitória
sobre o mal pelo, 51-53

Reforma: debate sobre a tradição
durante a, 99; lugar da razão
durante a, 101-104; método de
estudo das escrituras durante a,
100-101; mistura conservadora
do Iluminismo com a, 33;
narrativa de Deus destacada
durante a, 100-101; sentido
literal das escrituras e a, 97-98,
162; *Sola Scriptura* da, 95-97.
Veja também igreja cristã
*Religião nos limites da simples
razão* (Kant), 110
ressurreição, 96, 125, 155, 189
revelação: crença dos
reformadores de conhecer
a Deus por meio da, 102;
escrituras como revelação
transcendente, 44-45; visão das
escrituras como relato da, 45
Robinson, John A. T., 26, 32

sábado: aliança pelo cumprimento
do, 190; atitudes modernas
com relação ao, 176-177; como
celebração da criação de Jesus,
191-196; comparando o Antigo
com o Novo Testamento,
196-203; história das terras
altas da Escócia sobre o,
175-176; ideia do 'descanso'
de Deus, 179; no Antigo
Testamento, 173-174, 178-184;
no Novo Testamento, 174-176,
184-191; prática cristã do
descanso semanal, 191-196
saduceus, 63
Salomão, 214, 216, 220
Sanders, E. P., 116

sentido claro das escrituras, 102-104
sentido literal das escrituras: desenvolvimento medieval do, 92; polarização entre não literalistas e, 118-120; destaque da Reforma no, 97-98, 162
sola scriptura, 95-97
Spurgeon, Charles H., 41

Temple, William, 32
templo: livro do Apocalipse falando sobre um futuro sem, 153, 190, 195; Jesus como personificação do, 186, 190; como espaço sagrado, 180
tempo: criação como transformação do, 194-196; "do Espírito Santo", 193; linear, 192-193;
tempo linear, 192-193
teologia: debate sobre a orientação sexual dentro da, 29; do *Evangelho de Tomé*, 88-89; lugar da Bíblia dentro da, 26-28
Teologia do Antigo Testamento (Brueggemann), 55
teologia do *Evangelho de Tomé*, 88-89
terremoto de Lisboa (1755), 24
Tertuliano, 86, 101
Thiselton, A. C., 27
Tomás de Aquino: como ensinador da Bíblia, 16; estudando as questões abordadas por, 32; síntese da razão e da fé seguida por, 101, 102, 103, 126; tradição das escrituras entendida por, 95

Tomé, Evangelho de, 121
tradição e as escrituras: abordagem dos reformadores com relação a, 99; autoridade da, 99; doutrina católica sobre a, 99; história da tradição cristã, 95, 146-147; leitura baseada na liturgia usando a, 158-160; razão versus, 30-32; vivendo na, 146-147
Tucídides, 31
Two Horizons, The (Thiselton), 27
Tyndale, William, 96

Última Ceia, 97

verdade: debates sobre a, 19-20, 21; tentativas de desconstruir a, 137
violência: Paulo sobre o direito de portar a espada, 29; "textos de terror" que justificam a, 28
Voltaire, 19, 110, 113

Walsh, Brian, 125
Walton, John, 178
Webster, John, 27
Wesley, John, 126
Westcott, Brooke Foss, 167
Who Are We Now? (Boyle), 124
Williams, Rowan, 26
Wittgenstein, Ludwig, 46
Work, Telford, 43, 44, 62, 89

Livros da série de comentários

O NOVO TESTAMENTO PARA TODOS

JÁ DISPONÍVEIS pela **Thomas Nelson Brasil**

Mateus para todos: Mateus 1—15 • Parte 1
Mateus para todos: Mateus 16—28 • Parte 2
Marcos para todos
Lucas para todos
João para todos: João 1—10 • Parte 1
João para todos: João 11—21 • Parte 2
Atos para todos: Atos 1—12 • Parte 1
Atos para todos: Atos 13—28 • Parte 2
Paulo para todos: Romanos 1—8 • Parte 1
Paulo para todos: Romanos 9—16 • Parte 2
Paulo para todos: 1Coríntios
Paulo para todos: 2Coríntios
Paulo para todos: Gálatas e Tessalonicenses
Paulo para todos: Cartas da prisão
Paulo para todos: Cartas pastorais
Hebreus para todos
Cartas para todos: Cartas cristãs primitivas
Apocalipse para todos

Outros livros de **N. T. WRIGHT**
pela **Thomas Nelson Brasil**

Como Deus se tornou Rei
Deus e a pandemia
Indicadores fragmentados
Paulo: uma biografia
Salmos
Simplesmente Jesus

Este livro foi impresso pela Eskenazi, em 2021, para a Thomas Nelson Brasil. A fonte do miolo é Adobe Garamond Pro. O papel do miolo é pólen soft 80g/m², e o da capa é cartão 250g/m².